# 風俗嬢の事情

貧困、暴力、毒親、セックスレス——「限界」を抱えて、体を売る女性たち

小野一光



集英社文庫

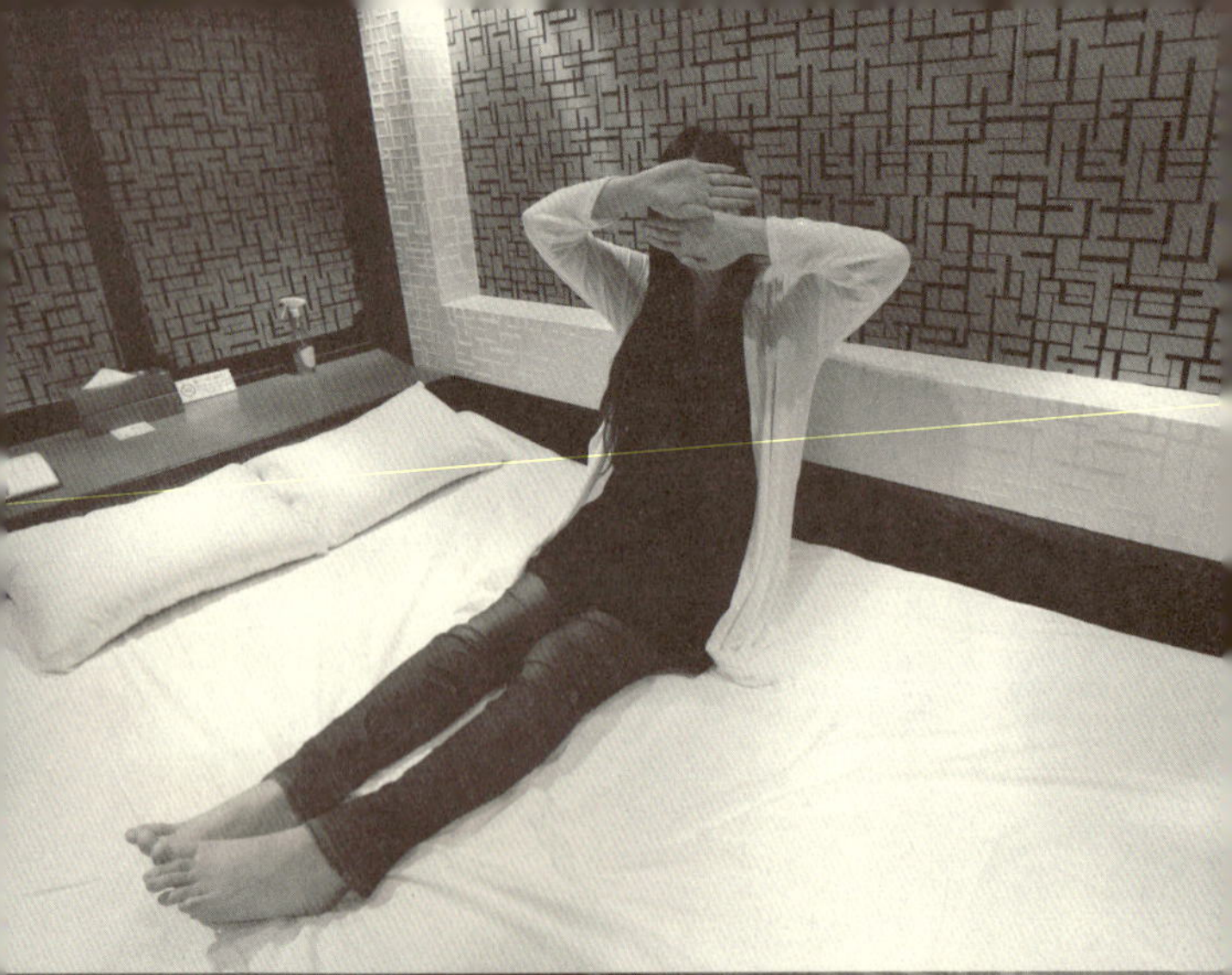

東横INN
U-22
5階

# 目次

本書は、二〇二一年八月、集英社より刊行された『限界風俗嬢』を
文庫化にあたり、『風俗嬢の事情　貧困、暴力、毒親、セックスレス
――「限界」を抱えて、体を売る女性たち』と改題したものです。

初出　集英社ノンフィクション編集部公式サイト「よみタイ」
　二〇一九年十一月〜二〇二一年一月配信
　第九章　単行本書き下ろし

口絵写真／小野一光
本文デザイン／高橋健二（テラエンジン）

本書に登場するカタカナ表記の人名はすべて仮名です。

# 風俗嬢の事情

貧困、暴力、毒親、
セックスレス――
「限界」を抱えて、
体を売る女性たち

# 第一章　ＳＭクラブで働く文学少女・アヤメ

彼女と最初に出会ったのは、ＳＭクラブが用意した個室だった。

レンガ模様の壁紙に、手枷《てかせ》がついた十字架の磔《はりつけ》台、それに分娩《ぶんべん》台を思わせる形状の椅子とベッドがあるだけの、必要最小限の用途に特化した部屋だ。

とはいえ、ここは客のためのプレイルームではない。店が宣伝のために用意した、動画や静止画を撮影するための取材部屋である。時折、従業員の休憩室としても使われているようで、灰皿に煙草《タバコ》の吸い殻が残っていたり、ユニットバスの洗面台に置かれたコップのなかに、歯ブラシが何本も入っていたりする。だからなのか、妖しい雰囲気にもかかわらず、室内には淫臭よりも生活臭が漂う。

店名を出して風俗嬢の話を聞き、写真を撮るという、スポーツ紙で週一回やっていた連載の取材でのことだ。馴染《なじ》みのこの部屋には何回どころか何十回も来ている。だから物珍しさに室内を見回すようなこともない。

ガチャリ。

扉が開く。なかに入ってきたのは、セルフレームの眼鏡をかけたおとなしそうな女の子だ。ちなみに風俗業界では、たとえ中高年の女性であっても〝女の子〟との呼称を使う。だが彼女は正真正銘の女の子だった。幼さの残る顔立ちから想像するに、二十歳前後といったところだろう。

「よろしくお願いします。アヤメです」

ややうわずった声で言う。

「学生さん？」

「そうです。××大学の三年生です」

通常、匿名性を保つために学校名までは言わないものだが、彼女はみずから口にした。誰もが知る有名大学だ。とはいえ驚きはない。風俗業界、とりわけＳＭ業界には時折、飛び抜けた高偏差値の学生や、エリート会社員が混じっていたりする。源氏名としてアヤメを名乗る彼女もその一人、といった程度の感想に留《とど》まった。

聞けば、現在二十一歳のアヤメは、ＳＭクラブで働き始めて三カ月ほどだという。ここでの彼女の仕事は〝Ｍ女〟。つまり男性客からＳＭプレイを受ける側である。縄での縛りや、手枷での拘束、さらにはムチやロウソク、大人のオモチャを使った責めを受ける。店のプレイリストにはＡＦ（アナルファック）もあるため、当然ながら肛門《こうもん》に男性器を受け入れてもいる。

世間が〝風俗嬢〟との単語で思い浮かべる、濃いめの化粧だったり、肌の露出の多い服装というステレオタイプの印象とは真逆の、色白で化粧っ気のほとんどないさらっとした顔立ち。それに、露出の少ない白シャツに紺地のジャンパースカートという地味な出で立《いでた》ちの彼女が、前述のハードなプレイをこなす姿を想像する人はいないだろう。

風俗店で働くこと自体が初めてだというアヤメが、なぜよりにもよってＳＭクラブを選んだのか。私はまずその理由を尋ねた。

「大学で文学を勉強していて、シェークスピア史を研究しているときに、ＳＭがイギリス発祥だと出てきて、実際に体験したらわかるかなって思ったんです」

じつのところ、ＳＭはフランスを中心としたヨーロッパが発祥との意見もあり、諸説はさまざまである。とまれ、あまりにきれいにまとまった理由から、私は、そのうち何割かは本当かもしれないが、他にも理由があるに違いないと想像した。だがしかし、今回の取材は真実を追求することが目的ではないため、彼女の発言をそのままメモに取る。

この店で初めてＳＭを体験したというアヤメに、プレイは平気だったかと問いかけたところ、笑みを浮かべて言う。

「縛りやロウソクなんかを初めて経験して、気持ちいいって感じました。それも肉体的にというより、性的な興奮と心の快感があるんです。実際に体験してみて、私はもともとそういうのが好きなんだなって自覚しました」

「どういうプレイにいちばん興奮した？」

「やっぱり縛りには興奮しちゃいました。身動きがとれずに、すごくドキドキしているところを、オモチャで責められて、いい意味で仕事を忘れて快感に浸りました」

大胆なことを淡々と語る。その落ち着いた態度の裏に性的な経験の多さを感じた。

「これまで風俗みたいに性を売りにした経験あるの？」

「風俗はこの店が初めてです。ただ、私って中学から高校にかけてエンコーをしてたんですね。だからそういう意味での抵抗はありませんでした」

エンコー、つまり援助交際という名の、端的に言ってしまえば売春行為である。私自身は取材で過去に何人もの援交少女の話を聞いてきたが、こればかりは本当に相手の外見から判断がつかない。ごくふつうに街中を歩いている、あの子やこの子が援交をしていたりするのだ。また逆に、いかにも〝援交〟の言葉で外見をイメージしてしまうあの子やこの子が、そういう世界にまったく近づかずにいたりもする。

もっとアヤメに話を聞きたいと思ったが、取材で私に与えられているのは三十分ほど。そのなかで記事のための、下着や上半身ヌード姿の撮影もしなければならない。

当時、私は週刊誌で、〝ワケアリ〟の一般女性に、これまでの人生や性体験について振り返ってもらう連載を始めることが決まっており、下準備を始めていた。援交少女だった彼女の体験も、その企画趣旨に合うのではないかと頭に浮かぶ。

「あの、ところで……」

インタビューに続いての撮影を終え、服を着ようとしているアヤメに向かって私は切り出した。いずれ始める週刊誌の連載で、ぜひとも話を聞かせてもらいたいのです、と。その記事では店名を出すことができないため、店を通しての取材申し込みではなく、個人的に連絡を取って、改めて外で話を聞く機会をいただけないかとお願いした。

「べつにいいですよ」

アヤメはなんの躊躇《ちゆうちよ》もなく、即答した。「ただ……」彼女は続ける。

「けっこうびっくりしちゃうと思いますよ。私って小学生の頃から学校でイジメられたりとかしてたし、いろいろあったから……」

「いや、そういう内容も含めて話を聞ければと思ってるから」

私はさして深読みすることなく、話が聞けることに舞い上がっていた。件《くだん》の週刊誌の連載準備に際しては、活字映えする事情を抱えた女性を探すことに苦労している。今回、アヤメに取材の約束を取り付けたことで、一回分がなんとかなる。そういった種類の安《あん》堵《ど》が自分のなかにあった。

その日、取材を終えてこれから〝仕事〟だという彼女とは、連絡先を交換して和やかに別れた。

＊

結局、アヤメにきちんと取材することができたのは、それから半年後のことだった。ここで「きちんと」との言葉を使ったのには訳がある。その前に彼女にはもう一度、スポーツ新聞の連載で取材をしたからだ。というのも、最初の取材の一カ月半後に、アヤメからSMクラブを辞めて別の店に移った、との連絡を受けたのである。

「ちょっと店の人と揉《も》めてしまって……」

聞けばそれは些細《ささい》なことが原因だった。彼女は自分の書いた文章を客に見せていたらしいのだが、それを知った店から咎《とが》められたというのだ。風俗店は所属する風俗嬢と客が個人的な交流を持つことを禁じている。そうした交流がいずれ〝直引《じかび》き〟と言われる、店を通さない営業に繋《つな》がってしまうことを警戒して作られた規約だ。だが、アヤメは〝直引き〟をする意図がないにもかかわらず、店が彼女の行動まで束縛することに嫌気がさし、辞めてしまったのである。私は尋ねた。

「それで、いまはどうしてるの？」

「いま××にあるデリバリーヘルスで働いてます」

「わかった。じゃあその店を取材して、お客さんが来るように宣伝してあげるよ」

完全に自分の立場を使った利益供与だ。だが、私が求めている見返りは、あくまでもあとで話を聞かせてもらうということのみ。さらにいえば、風俗嬢紹介という趣旨の連載記事において、私のこの行動で被害を受ける人は誰もいない。そういう訳で、アヤメが働く店に取材を依頼して、彼女の記事を掲載したのだった。

ちなみに、この取材の折に「なんで今度はＳＭクラブじゃなかったの？」と質問したところ、「もう別にＳＭじゃなくてもいいと思ったんですね。それで面接に受かったのがこの店だったので」と、彼女は答えている。


それから三カ月後、私たちは都内のとある駅前で待ち合わせた。

大学の授業が終わり、家に帰る途中で通る駅。彼女は自宅で両親と暮らしており、この段階で私は、彼女の家族についてのおおまかな情報を得ていた。

アヤメの父親は国家公務員だった。しかもキャリア官僚である。そして母親は専業主婦。前の取材のときに、彼女に家族について聞いたところ、財布から父親の名刺を取り出して見せてくれたのだ。つまり私は、彼女の本名だけでなく、父親の名前と勤務先を知っているのである。

なぜ彼女はそこまで明かすのか――。

疑問に思うが、とくに尋ねることはしなかった。いずれなにかが見えてくるだろうという気でいた。

私が先導して、駅の近くで目についたカラオケボックスに入る。この密閉空間は、まわりを気にせずに話を聞ける場所として重宝している。室内に入ると明かりを最大限にして、音楽が流れるモニターの電源を切り、雑音をできるだけ減らす。

「今日は父の誕生日なんで、あとで家族で一緒に食事をすることになってるんです」

アヤメは無邪気に言う。当然のことながら、彼女の両親は娘が風俗で働いていることを知らない。過去の援交経験についても然《しか》りだ。

そうした秘められた話を聞くことについて、なぜか私のほうが一抹の罪悪感を覚えてしまう。その負荷を振り切って、ＩＣレコーダーの録音ボタンを押すと、まずは家族のことをもう少し知りたいと口にした。

「兄弟はいなくて、一人っ子です。生まれたのは東京なんですけど、父の仕事の関係でよく転校してました。一般的には厳しい家庭なんだと思います。親からよく言われてたのが、自立した考え方を持つようにということと、行動は自己責任でということ。あと、人に迷惑がかかることはしないようにとも言われてます」

「厳しい家庭っていうのはどんなふうに？」

「大学に入るまでは門限が午後六時で、大学に入ってからは午後八時でした。だからサークル活動を納得させるのが大変で、友だちと遊ぶにしても、泊まりとかは許してもらえなかったんです。ただそれは途中から、きちんと連絡を入れることで許してもらえるようになりました。泊まるならば相手の住所と連絡先を残し、もし遊び場所が変更になったら、そのつど連絡するとか……。とにかく連絡をこまめに入れろという家でした」

どちらかといえば、父親よりも母親の管理が強かったそうだ。そこまでを聞いたところで、彼女が以前話していた小学生時代のイジメについて教えて欲しいと切り出した。

「イジメは小四の二学期からです。ちょうど地方から東京に戻ってきたばかりのとき。公立の小学校でした。最初のうち、私は休み時間は図書室に籠《こも》ってたので、そんなにひどくはなかったんですけど、五年になってから嫌がらせが始まって、無視をされたり、面と向かって悪口を言われるようになったんです。軽い暴力なんかもあったので、このときは親に相談したんですけど、『あまり反応しないほうがいい』という答えでした。それで無視をしていると徐々にエスカレートしてきて、図工の時間に熱したハンダゴテを押しつけられたり、アルコールランプの火で髪を燃やされたりしたんです。やってたのは主に男の子でした」

彼女をイジメていた同級生のなかで、中心人物だった男子は、地域の小中学生が参加するスポーツチームに所属していた。アヤメ自身もそのチームとは関わりがあり、小六のときに地元の中学生とそこで知り合っている。そのなかで彼女に優しくしてくれた、一学年上のA先輩に対して密《ひそ》かな恋心を抱いていたと語る。

「それで小六のとき、A先輩から小学校の体育館の倉庫に呼び出されたんです。嬉《うれ》しくて一人で行ったら、そこでA先輩にエッチを迫られたんですね。私は別に嫌じゃなくて、(A先輩は)ちょっと大人ぶってるから、そういうことをやるんだなと思って、そのまま受け入れました。それで終わったら、うしろから二、三人の先輩が入ってきて、羽交い締めにされて、まわされたんです……」

ここのくだりで一瞬、彼女がなにを言っているのか理解できなくなった。小六女子と中一男子の性体験についてはさておき、集団レイプの被害に遭っていたとは……。しかも、この文脈から考えると、彼女が恋心を抱いていたA先輩が、犯行に加担していたことは明らかだ。イジメやイタズラの枠を超えた、紛れもない犯罪だといえる。だがその犯行はそれだけに止《とど》まらない。落ち着いた口調でのアヤメの言葉は続く。

「最初は抵抗しました。けどどうしようもなくて……。その後、放課後に呼び出されては、一年近くその人たちにやられてました。たまに中三の人にもやられてました。あとで気がついたんですけど、小学校で私をイジメてた同級生が、スポーツチームでその先輩たちみんなと繋がってたんです」

配慮のまったくない少年の犯行であるため、妊娠を心配する私に対して、アヤメは「生理が始まったのは遅くて、中一の後半からでした」と言葉を挟んだ。つまり、初潮よりも前の時期に、彼女は性を弄ばれていたのである。その絶望の深さは想像を遥《はる》かに凌駕《りようが》する。

「親には言えなかったですね。それに、誰かに相談できるって状況でもなかったので」

親に話せないというのはわかる。だが、誰にも相談できない状況というのはどういうことだったのだろうか。私は「どうして？」と言葉を継ぐ。

「私をイジメてた中心人物の親って、学校のＰＴＡ会長だったんです。だから先生も注意しない存在でした。そういう大人の態度を見て、力関係を感じていたんです。一回、軽いイジメがあったときに校長先生に訴えたことがあるんです。けど『そういうことも経験しとかないと』って言われて、『（イジメた相手を）よく見とくよ』って。それで大人に言っても意味はないって思いました」

なんだそのとんでもない校長は、との怒りを抱くとともに、五十歳を超えた自分の年齢もあってか、だけど現実にはそういう奴《やつ》もいるんだよな、との諦念がうっかり顔を出す。だがそれではいけないのだ。なぜか怒りを遠ざけようとしている自分に腹が立つ。

小学校を卒業したアヤメは私立の中高一貫校に入学した。これで公立小時代の負の連鎖が断ち切れるのでは、と想像した私の期待は、彼女の次の言葉で打ち砕かれる。

「中学に入ってＡ先輩から電話があったんです。それで『俺の友だちがその学校に行ってるから、お前がやってたこと、いつでも先生に言えるよ』って脅されたんです。『こっちは、お前のほうから誘ってきたって言えばいいんだから』って。それで呼び出されて、自分でも行くしかないと思ったので行って……。そこで会ったA先輩から、他の人とエッチをするように言われました。『制服姿で下着を着けずにカラオケボックスに行き、そこにいる男とやれ』と命令されて、指定された部屋に行くと、男の人がいるんです。そこで、ナマで、中出しはナシという条件で、週に二、三回は知らない人とやらされてました。男の人は大学生から三十代くらいまででした」

中学二年生が客を取り、中学一年生に売春を強要していたというのだ。話を聞く私は、自分自身が混乱しないよう制御することで精一杯だった。ただ話を聞いているだけの、他人の私ですらそうなのだ。当事者であるアヤメの心は……。

目の前の彼女は、涙を見せることもなく、淡々と語る。感情をすべて消した、誰も足を踏み入れていない雪原のような表情だ。ドッ、ドッ、ドッ……。室内には近くの部屋で流れるカラオケの、ベースの重低音だけが響く。

「ただ、カラオケボックスでのことは、そんなに長続きしなかったんですね。たぶんA先輩が自分で客を見つけるのが面倒くさかったんだと思います。途中から『援交しておカネを持って来い』に変わったんです。それで中二から中三のときは、新宿で夜、親には塾だと嘘《うそ》をついて、制服の上着をセーターに替えて、通る人に声をかけて援交をしてました。援交は最初の頃はすごく嫌だったし、性交自体も嫌でした。けど、だんだん日常の一環になっていったんです。月の目標金額を言われてて、最初のうちは十五万円くらいで始まり、高校時代は倍くらいに上がってました。そのおカネは月末に中学のところで待ち合わせて渡していて、目標金額に達しないときは、肌が露出していない、目立たない場所を殴られてました」

いったいどんな男がそんな悪辣なことをやっていたのか。アヤメに聞くと意外な答えが返ってきた。

「A先輩は優等生です。不良じゃなくて、学校の先生に評判がいいタイプ。爽やかで、ザ・イケメンといった感じ。ずっとサッカー部でスポーツマンでした。たしか大学もMARCH（明治、青山学院、立教、中央、法政）レベルのいいところに行ったと聞いてます」

意外ではあったが、その反面、しっくりともくる話だった。そういう男がやがて社会人となり、何事もなかったような顔をして順風満帆な人生を送っていくという不条理も、この世には存在する。それにしても醜悪な話だ。彼の人生に幸なきことを強く願う。

「援交が続いたのは高二までです。理由はわかんないんですけど、ある日ぷつりと連絡が来なくなったんです。そこで親に迷惑メールが来ると言って携帯電話の番号を変えたんですね。それ以降、連絡はありません」

長期にわたる地獄の日々に、やっと終止符を打てたのである。その期間を、アヤメはどうやって乗り切ったのだろうか。

「当時は誰にも話せませんでした。中学からの友だちに後になって話すと、『だからなのね。顔色も良くなかったし、常にボーッとしてた』って言われました。私自身は本を読んだり、文章を書いているときがいちばん生きている感じがしてました。自分のなかに入って、一人で作業しているときが、なにも考えずに済んだので、よかったんです」

アヤメによれば、援交をしている期間には、恋愛もしていたようだ。だが、それも波乱に満ちていた。

「援交相手のビジュアル系バンドマンでした。私が十四歳のときに向こうは二十四歳。中三から高一まで付き合ったんですけど、いちばん大変でした。生活費とかライブ代とかのおカネをあげてたんです。だいたい月に七、八万円を渡してました。けどDV系で暴力を振るわれたりしてて……」

この時期、アヤメはA先輩に要求されるままに〝上がり〟を渡している。それに加えてバンドマンに金銭を渡していたわけで、負担はすべて彼女の肉体にかかっていた。

「最後は向こうの家でその人がクスリをやっているのを見て、怖くなって逃げ出したんです。それで付き合いは終わりました」

やがて高二で援交をする必要がなくなったアヤメだが、それでも惰性で続けていたと語る。

「おカネにもなるし、いままで日常的にしていたことだったから、やめられなかったんです。その時期、援交相手で一人だけ連絡を取ってた人がいたんですね。三十代後半の銀行員で、将来結婚するからと話してました。ただ、私の親に会ってもらおうとすると、渋ってたんです。で、私が『妊娠したっぽい』と言ったら連絡が取れなくなりました」

やはり、この時期の彼女は誰かに依存しないとやっていけなかったのだと思う。肉体をすり減らした分を、心の充足で補おうとしていたのだ。だからこそ、甘い言葉を囁《ささや》かれると、つい信じて身を預けてしまう。

「その当時、自分には援交での稼ぎがあったので、おカネは持ってたんですね。それで興信所に彼のことを調べてもらったんです。そうしたら私に話していたことは嘘で、結婚していることがわかりました。それで、これは流すしかないなって思って……」

流すしかない、とは堕胎のことだ。本来は重い言葉を、彼女はさらりと口にした。

「だけど未成年は親の承諾が必要じゃないですか。とてもじゃないけど、そういうことを切り出すわけにはいかなかった。妊娠に気づいて一カ月経《た》ってないうちだったので、まだ（堕胎が）できると思いました」

そこでアヤメが取った手段を耳にして、私は言葉を失った。

「ネットで漢方薬と西洋医学の論文を読んで、自分で堕胎薬を作ったんです。選んだのは江戸時代の遊女のやり方。自分で調合して、飲む用と、下から入れる用のものを作りました。飲む用の薬は一週間くらい前からちょっとずつ飲んでたんですね。常に頭が痛くて、吐き気がして、立っているのがやっとの状態でした。それで当日、学校のトイレで下から入れる用の薬を入れて、二時間くらいスプーンで自分で掻《か》き回して、そうしたらすごくお腹《なか》が痛くなって……」

ただ頷《うなず》くことしかできない。

「アソコから、七、八センチくらいの、半分、魚っぽいのが落ちてきたんです。高三の六月二十四日です。その日付だけは、いまだに忘れられません。お墓に入れたりはできなかったので、学校の花壇のモミジの木の根元に、『ごめんなさい』と言って埋めました。それ以降、お地蔵さんの前ではいつも祈ってます」

妊娠と堕胎は、周囲の誰にも悟られなかったそうだ。

「お腹とか全然出てないので、誰も知りません。そのあともしばらく頭痛と吐き気に襲われてて、保健室登校をしてました。学校にはクラスに馴染めないと言い訳をして……」

明るくはしゃいでいる生徒がいる傍らで、アヤメが選択したのは、みずからをひどく傷つける行為だった。誰にも相談できなかったということは、そのすべてを高三の彼女が一人で受け止めたということになる。

「しばらくはなにも考えられない時期が続きました。ただ、そのうち進路の話になり、自分がいちばん辛《つら》いときになにをやってたか考えて、癒しになっていた文学系の学部を受けようと思ったんです。そこで気持ちを切り替えて、受験勉強に打ち込みました」

目標とした大学に現役で合格した彼女には、新たな道が開けたという。

「大学に入ったら落ち着いて、やっといままでのことを振り返れるようになったし、話せるようになりました」

その大きな原動力となったのは、大学一年の十月から付き合うようになった彼氏の存在だった。

「同じ学校の同級生なんですけど、仲良くなってから、自分の過去について隠さず話したんですね。そうしたら彼は、過去と向き合おうとしている私と一緒にいると言ってくれたんです。そこで一旦、自分自身の整理がつきました。それまでは、自分の経験が受け入れられることはあり得ないと思ってて、記憶がフワフワしてたんです。でも、人ができない経験をしたんだから、それをプラスに変えないとって、前向きに考えることができました」

とはいえ、私は大学三年生の彼女と風俗店で出会っている。彼氏がいて風俗店で働くことに矛盾はないのか尋ねた。

「じつはそれまで風俗とは違うアルバイトをしてました。だけどメンタル的な原因で発作が起きちゃって、仕事を続けられなくなったんです。そのときに前に話したシェークスピア史と関連して、体験したらわかるかなってSMクラブで働くことにしたんです」

「ただ、どうしてもそれだけが風俗の仕事を選ぶ理由だとは思えないんだけど」

　私は思わず言葉を挟んだ。

「うーん、たしかに（性を売りにした世界に）戻るというのを決めるには時間がかかりました。二カ月くらいは、サイトの応募をクリックするかどうか悩みましたから。けど、私のなかで、異性の優しさや性行為を求めている自分がいるんですね。これまで悩んだ分、それらを中和するために、性の現場に居ながら、徐々に慣らしていければいいかなと思ったんです」

　つまり、強制的に過去を断ち切るのではなく、徐々に離脱できるようにソフトランディングを考えたということだろうか。聞けば、風俗での仕事については彼氏にも話しており、応援してもらっているのだそうだ。その点については理解に苦しむが、そうした現実もあると受け止めるほかない。

「風俗で働いてみて、ここは危険じゃない、安心だって気づきました。一人で援交をやってたときは、おカネをもらえずに中出しされて逃げられたり、手足を縛られそうになったりしましたから」

　風俗店では常に店員の目が光っているために、客も乱暴なことはできない。最初にひどい世界を知ったからこそ、それよりはましだと感じてしまう。

「店で見知らぬ人と出会うじゃないですか、それで見聞が広がるのが楽しくなったんです。人との繋がりを確認できるというか、悪いものばかりじゃないなと思ってます。やっぱり大事なのは人との繋がりだなって……」

そう口にするアヤメを見ながら、まだ第三者に依存しなければいられない状態なのだと、胸の内で思った。だが、思春期にあれほどの体験をしてしまったのだ。彼女のペースでゆっくり自分を取り戻していくしかないとも感じた。

「自分が将来やりたいのは……。家出したりとかして、援交とかの、そういう稼ぎ方しかしていない子を守ってあげられるといいなと思いますね。私と同じように性被害に遭っている子に、手を差し伸べられたらいいなって……」

未来の希望を語れるということは、生きていくエネルギーを持っているということだ。予想もしなかった凄絶《せいぜつ》な話を聞かされた直後だけに、その言葉に救われた気持ちになる。

「そういえば、私の中高時代の同級生で、親友の子がいるんですけど、彼女もかなり驚くような人生を送ってるんですよ……」

ふいにアヤメが切り出した。

「え、どんな？」

「やっぱり性虐待を受けてるんですけど、気になります？　紹介しましょうか」

「可能なら、ぜひお願いしたいんだけど」

当然、私の頭のなかには件の週刊誌での連載企画があった。このアヤメが驚くと口にする人生なのだ。中途半端なことであるはずがない。

「じゃあ、ちょっと電話してみますね」

目の前で彼女はスマホを手に取ると、電話をかけた。

「あ、もしもし、元気ぃ～」

相手はすんなり電話に出たようだ。アヤメは自分が取材を受けていることを話すと、電話の相手の彼女にも、話を聞かせてあげてと依頼している。

「え？　くそオヤジのこと？　そうそう。その話とか……」

まだ私はどういう内容か知らない。

「ちょっと待ってね、いま目の前にいるんで替わるから」

そう口にするとアヤメはスマホを私に渡し、「リカです」とだけ言った。

「あ、突然のご連絡すみません。小野と申します……」

それから私は企画の趣旨を説明した。どちらかといえばアヤメよりもフランクな口調のリカは、「あ、いいですよ～」と気軽に言った。そして続ける。

「ただ私、朝キャバやってるんですね。だからそれが終わってからになるんですけど、大丈夫ですか？」

いわゆる日の出から店を開けているキャバクラのことだ。目の前のアヤメは相変わらず化粧っ気が少なく、服装もワンピースでおとなしいものだ。そんな彼女の親友がキャバ嬢というのが、妙におかしかった。

私はリカに対して、アヤメから彼女のライン（ＬＩＮＥ）ＩＤを聞くことの許可を得て、改めてラインで待ち合わせについてやり取りすることを伝えた。

「は～い」

リカはあくまでも明るい。私はスマホをアヤメに戻した。

「まあ、本人から直接聞くのがいちばんいいと思うので、連絡してあげてください」

カラオケボックスを出ての帰り際、アヤメは言った。私は頷き、感謝を口にする。

「今日はどうもありがとう。また連絡するね」

「はい、また話を聞いてくださいね。ありがとうございました」

丁寧に頭を下げて帰途につく彼女の後ろ姿を見送りながら、あんな凄絶な過去をこの小さな体に背負っているんだ、と思った。

# 第二章　歌舞伎町で働く理系女子大生・リカ

〈ご連絡遅くなり大変申し訳ございません。明日でしたら予定空けることが可能かと思います〉

日中、私のスマホにリカからの連絡が入った。アヤメに中学高校の同級生だという彼女を紹介してもらって、二週間後のことだ。

じつはその六日前、私は彼女に取材の都合を確認するためのラインを入れていた。それに対して、〈予定確認の後に折り返しさせていただきます〉との返信が来て以降、しばらく音沙汰がなかったのである。そのため、そろそろ取材のスケジュールを立てたいと改めてメッセージを入れたところ、それから二十分も経たないうちに返信が入ったのだった。

日の出から営業している歌舞伎町の朝キャバ（クラ）で働いているという彼女だが、

絵文字もなにもなく、簡潔な文章だ。そのことを意外に感じた。私はすぐに返事を送る。

〈そうですか。ありがとうございます。ぜひお願いいたします。何時にどこで待ち合わせましょうか。ご都合のいい場所と時間を教えて下さい〉

するとー分後には返事が入った。

〈13：15に××ビルあたりでいかがでしょうか〉

リカは歌舞伎町にあるビルの名前を挙げた。そこで私も返す。

〈了解です。着いたらラインしますね。よろしくお願いいたします〉

翌日の昼、私が待ち合わせ予定の二十分前に新宿駅に着いたところで、リカからラインが入った。

〈今日はよろしくお願いします。おなかすいた（笑）〉

早朝からの仕事終わりで無理もないと思い、すぐに返事を打つ。それからのやり取りは次の通りだ。

〈いま新宿駅です。着いたら連絡しますね。まずメシでもいいですよ〉

〈お酒しかいれてなくて（笑）今上がったのでビルでお待ちしてますね〉

〈了解です〉

〈黒のキャバスーツに金髪なのですぐわかるかと〉

指定されたビルに近づくと、ラインに書かれた通りの、ストレートロングの金髪に、黒いミニスカートのスーツを着たリカが立っているのが見えた。会うのは初めてだが、説明の内容に該当する女の子は彼女しかいない。

「こんにちは、小野です」

「あ〜、ど〜も〜。リカです。今日はよろしくお願いします」

小顔で細身の彼女は仕事終わりの疲れを見せず、笑みを浮かべて挨拶する。身長は百六十センチメートルくらいだろうか。派手な服装に比して、透けるように色が白くて薄化粧なため、童顔であることが際立つ。なにしろ二十一歳だ。似た顔として女優の高畑《たかはた》充希《みつき》が頭に浮かぶ。もっとも、全身から受ける印象だと、彼女がキャバ嬢役を演じた際の、との注釈が付くが。

二人で連れ立って中央通りにある喫茶店へと向かう。まずは腹ごしらえだ。リカはパスタを、私はブレンドコーヒーを頼む。

彼女の貴重な食事の時間を邪魔しないように、合間を見て基礎的な情報を聞き、踏み込んだ話は周囲を気にしなくても済むカラオケボックスでしようと考えていた。

「朝キャバは午前九時に入って、上がりが午後一時から四時くらいまでです。お客さんはわりと同業者が多いですよ。ホストとかバーの人とか。あとはおカネを持ってる経営者とか、休日のサラリーマンなんて人も来ます。それで、昼はフリーランスでＩＴエンジニアの仕事をやってます。じつはいま本当なら大学三年生なんですけど、昼間のフリーの仕事が安定しちゃったんで、今年三月（二年次）から休学してるんですよ。仕事の内容はプログラミングとかサイトの構築、それにホームページ管理とかですね。あと、もともとゲーマーだったんで、ゲームのプログラミングもしてます」

休学中の学校について、リカは都内にある理系の大学の名を挙げた。ちなみに受験時には国立の東京農工大学や私立の早稲田大学にも受かっていたそうで、その話から彼女が高い学力の持ち主であることがわかる。さらにいえば、プログラミングについても、最初は独学で始めたとのこと。

「それでいまは夜キャバもやってるんですけど、そっちは歌舞伎（町）じゃなくて、新宿三丁目です。午後七時に店開けて、八時から営業、それで十二時くらいまで。終わってから家に帰って、昼の仕事の残りをやったり、キャバのお客さんに電話をかけたり、ラインを返したり……だいたい寝るのが午前三時、四時で、六時には起きて、朝キャバのお客さんからの連絡が入るんで、七時か八時には家を出てます」

若いからこそ可能なのだろうが、それでも生き急いでいる感は否めない。目の前の私はただその詰め込み度合いに唖然《あぜん》としながらメモを取る。そして質問を挟んだ。

「朝と夜は六本木とか銀座じゃなくて、新宿を選んだのはどうして？」

「やっぱり自分のなかで、キャバといえば、歌舞伎（町）っていうのがあるんですよね。あとなんか、キャバ嬢をやってるのだって、自由に生きたいからなんですよ。縛られてばっかりだから。いま住んでるの実家だし……。最初は会社を始める資金を集めるために始めたキャバだったんですけど、仕事が面白いんですよね。だって、お酒飲みながら、まったく違う世界の人の話を聞けるのって、キャバしかないじゃないですか。私って色恋（営業）とか枕（営業）って一切しないんですね。でも、そんな私のこと気に入って呼んでくれる人とかいるし、もう、出会いの場ですよ。こんな面白い世界、他にないと思います」

リカにとって自由の象徴がキャバ嬢だという意味の発言が印象に残る。彼女はいったいなにに縛られてばかりなのだろうか。だが、ここで性急に回答を求めるのはよそう。

続いて私は彼女の昼の仕事について尋ねることにした。すると、フリーランスのＩＴエンジニアでありながら、大学を休学したこの三月に知人らと会社を立ち上げ、彼女が代表取締役に就任したとの話が出てきた。

「共同経営者は二人いて、両方とも朝キャバで知り合った人です。一人はもともとビジュアル系のバンドマンなんですけど、アフターで飲みに出て、じつはフリーランスでエンジニアをやってることがわかったんですね。その飲みで一緒にいたのが美容系の会社の社長で、そこのシステムを作るって話になったんですけど、それならばきちんと会社を作ろうって、その社長を含めた三人で立ち上げることにしたんです。会社の設立にかかった二千万円は、私のポケットマネーから出しました。西新宿のビルをオフィスにしてるんですけど、メンバーは共同経営者と、他に二人くらい。あとは外注でお願いしてるという状況です」

ポケットマネーの話に限らず、実現したことのスケールとスピード感に驚かされる。現実にカネを動かす客と接する世界に身を置いているから、育まれた感覚なのだろうか。だが、次に彼女の口から出てきた言葉からは、現実の厳しさも感じられる。

「プログラミングの仕事自体は、一本何百万や何千万円というのもあるし、すべては内容次第です。それこそ五百万から二千六百万円の仕事がありました。ただ、私は疲れたら仕事はしないんで……。最近はメンタル的にも、体調的にもキツイんで、そっちはちょっと休もうかなって、自分のなかではそんな感じになってますね。で、そうしたら仕事のうち朝キャバだけを残そうと思ってます」

この話をしたのは八月のこと。つまり起業からまだ五カ月ということになる。短期間でこうした弱音が出てくるということは、突っ走ってはいるものの、やはり疲弊しているのではないか。

私は自分が抱いた感想を胸の内で折り畳み、奥に仕舞いこむ。

リカが食べ終わる頃を見計らって会計に立ち、連れ立ってカラオケボックスへと向かった。あてがわれた部屋には窓がついていて、眼下に真昼の歌舞伎町が見下ろせる。夜になるときらびやかなこの街も、陽の光の下ではあちこちに綻びが目立つ。

「いまの彼氏は二十八歳のホストです。彼が本命なんですけど、ほかに二十三歳のキープがいて、あともう一人、二十二歳の子もいます。全部別の店で〝ナンバーさん〟ですね」

彼女が言う〝ナンバーさん〟とは、個人の売上高が高く、店のナンバー××（順位）として、ホストクラブの入口に写真が飾られているホストのことらしい。

「最近モテるんです。だから全部ホストなんですよ。『一目惚《ひとめぼ》れした』とかって言われるから。で、私が『会いたい』って店に行くと、『俺がおカネ払うよ』とか『他のお客さんといるとこ見たくないだろうから、VIP（ルーム）に入れるよ』とか……」

ただ、そう口にするリカの心は決して安定しているわけではなく、彼らに縋《すが》っている部分もあるようだ。

「私が一日中キャバ名の〝フミカ〟でいることが三日続いて、久しぶりに本命の彼から電話で、『リカ、起きてる?』って言われて、ポロポロポロって涙が出てきたりするんですよ。どうしよ私、キャバ嬢辞めて捨てられたらどうしよう、とかって思うこともありますね」

私はリカに現在の収入について尋ねた。

「朝キャバで月に四十万から五十万円。あと、夜キャバが十五万から二十万円です。夜キャバについては、オーナーと知り合いなんで、店が軌道に乗るまでは売上バックとか、時給もそんなにいらないって言ってるから、少なくなってます。それと昼のプログラミングもあるけど、これはそのとき次第なんで……」

とはいえ、同世代とは比べ物にならない高収入に舞い上がっている様子はない。そのことがリカの次の言葉で納得いった。

「うちって母方がもともとおカネ持ちなんですよ。祖父が××の副社長だったし、親戚が××の社長をやってたりとか……」

ともに一部上場の、誰もが知っている有名企業の名前が挙がる。ただし、名家の出で裕福ならば幸せであるとは限らないという、〝世の常〟のような状況も、彼女の話からは伝わってくる。

「私がまだ小さいとき、寝てて目を覚ますと両親の喧嘩《けんか》の声がしてました。それが嫌で布団を被《かぶ》ってたんです。そんなだから、両親は私が幼稚園に入る前から別居してました。ある日母に『お父さんとお母さん、どっちがいい？』って聞かれて、何も考えずに『お母さん』って答えたんですね。そうしたら『引っ越すよ』って。もう私としては『え？』って感じですよ。けど母は『お父さんとお母さん、喧嘩しちゃった』って……」

リカの父親はとある業界の専門職で、知名度も稼ぎもそれなりにある人物だった。だが、それ以降、彼女は父親と離れて暮らすことになる。

母方の祖父母宅などを経て、東京都下の町で母親と二人暮らしをしていたリカだったが、とくに困窮を感じることはなかったという。その理由について、彼女があとになって知ったことがあるそうだ。

「元父が私の養育費を月に四十万から五十万円払ってたんです。小三のときから私は××（有名塾）に通ってたんですけど、その費用も元父が払ってました」

ここでリカが「元父」との言葉を使ったことで、その後の展開が頭に浮かぶ。

「小三のときに母から『お母さん大事な話があるんだけど……』って、両親が離婚したことを知らされました。『え、離婚したの？』って感じですよ。それで初めて離婚ということを意識しました。同時に、ああ、終わったとも思いましたね。それで小四か小五のとき、母の好きな男の人に会わされたんです。で、それから約一年後の私が小六に上がるときに、母が祖父母にその男性を紹介して、『子供もできてる』って再婚することになって……。私にいつの間にか新しい父ができちゃってたんです。ただ再婚について、母は元父には、私が中学に入るくらいまでは話してなかったみたいですね。だからその間は養育費が支払われてたんだと思います」

新しい父は都心で美容関係の店を経営していた。再婚を機にそちらに引っ越す話になったが、そうなるとリカは小学校を転校しなければならない。できればいまの小学校に通い続けたいと彼女が主張したところ、母親は想像もしないことを口にした。

「そのとき母に『じゃあ私、あんたいらないから。おばあちゃんと暮らして』って言われたんです。もう、ええーって感じですよ。それで私は小六のときに祖父母と同居しました。母は時々やって来ましたけど、私としては自分は捨てられたっていう意識が強かった」

祖父母が父母がわりとなった家で、昼間によく泣いていたというリカは、中学受験にも失敗してしまう。事前にA判定が出ていた上位二校に落ち、受かったのは三番目にすべり止めとして受けた、中高一貫校だけだったのだ。とはいえ、彼女が合格したのは特進クラスであり、学校自体も決して偏差値の低いところではない。

「母からは『見損なった。あんたなんか産まなきゃよかった』って言われました。それで強制的に母が住む家に連れ戻されて……。そのときはすでに弟が生まれてました。家には何回か会っただけの新しい父がいて、『お父さん?』みたいな。私は最初のうち、新しい父のことを下の名で〝ジョウ君〟って呼んでたんですけど、あるとき母から、『もういい加減、パパと言いなさい』と言われ、仕方なくそうしてました」

思春期の多感な時期に加え、慣れない新しい父親との生活、さらにそこに母親のヒステリーが加わった。

「うちの母は私が三、四歳のときから平気で私の顔とか頭とかを叩《たた》くんです。それで向こうが手を上げると、反射的にビクッとなって手で庇《かば》うようになりました。あと、私が言うことを聞かないからって、木にくくりつけられたこともあります」

中学に入ってバドミントンを始めたリカは、中一の終わり頃にその練習で知り合った二十九歳の会社員と付き合うようになる。

「付き合うといっても、プラトニックな仲ですよ。ただ、それも母に携帯を見られてバレて、強制的に別れさせられました」

私見としては、このときの母親の判断については、間違ったことだとは思わない。だが、当時のリカにとっては、自分のやりたいことを邪魔してくる母は、すべてにおいて敵意の対象となる、理不尽な存在だったのだろう。やがて中二になった彼女に対し、より強大で逃げ場のない理不尽が襲いかかってくる。

「それで、十四のときに義理の父に手を出されて、リスカ（リストカット）してて、バレて家族会議になって……」

「手を出され」。目の前のリカはあくまでもさらっと言った。その言葉の持つ意味の重さはわかっていたが、あえて彼女の話の流れを遮らないよう無言で聞き続ける。リカが家族にバレたのはリスカだけ、だ。

「家族会議では、『うちはいい家系なんで、恥ずかしいことしないで』って怒られて、それでも私はバファリンとかをひたすら飲んで、オーバードーズ（薬物の過剰摂取）で意識を失ったりとかしてたんですね。だけど世間体を気にする母は、『救急車なんて呼んでまわりにどんな顔すんのよ』って、呼ぼうとしないで、そのまま寝かされてました……」

　そこまでを語ると、リカは細い指先に挟んだ煙草を、灰皿にトントントンと繰り返し当てた。それを見た私は、彼女がみずから胸にくさびを打ち込む姿を思い描く。それも繰り返し。深く、深く。

「リスカで家族会議になったあと、義父が妙に優しくなって『(傷痕を)見せてごらん。一緒に寝てあげるよ』って、添い寝をしてくるようになったんです。私は拒否って捨てられるのが怖かったから、拒めずにいると、それがだんだんひどくなってきて……」

　リカの使う言葉が「新しい父」から「義理の父」、そして「義父」へと変わる。まるで暗雲が徐々に垂れこめてくるようだ。

「酔って帰ってくると私の布団に入ってきて、下着のなかに手を入れられたり、自分のを私に触らせたりとか……。そのときはもう二人目の弟もいたんですね。私、二人の弟をすごく可愛《かわい》がってたんです。で、自分が幼いときに父のいない生活をしてたでしょ。それを弟たちにも味わわせたくなくて……。声も出せず、嫌がることもできず、バレないように、バレないようにって……」

　十四歳の女の子にできる幼い弟たちへの精一杯の思いやりは、自分自身を深く傷つける行為と引き換えのものだった。

「やられることはだんだんエスカレートしていって、そのときは処女でしたけど、それもそこで……。たいていは義父が酔って帰ってきたときで、『中に出さないからいいだろ』みたいな。あとは顔を手で押さえつけられて舐《な》めさせられたりとか……」

両親の寝室は別になっており、いつも母親が寝たあとだったため、気づかれることはなかったという。ふいにリカがこちらに顔を向ける。目が合う。大人の服を着た女の子、がそこにいる。

彼女は自分に言い聞かせるように言う。

「なにより弟たちが可愛かったから。弟たちから〝お父さん〟を取り上げたくない一心だったから……」

リカに新たな交際相手が現れたのは、彼女が中三のときのことだ。

「その頃、あるオンラインゲームにハマってたんですね。そのゲームで出会った二十四歳の人と付き合うことになったんです。遠距離の人だったんですけど、彼に私が義父からやられてることを話したら、『そんな嫌なこと、恐いことは、俺はしなくてもいい』と言ってくれました。それでタブレットとかでスカイプを繋ぎっぱなしにして、時間があるときに話をずっとしてて……。その時期、彼と出会って精神が安定してたと思いますね」

相変わらず義父による理不尽な性暴力が続くなか、彼女にとっての彼は、シェルターのような存在だったのだろう。だがその安寧のときも長くは続かない。

「高二になる春に、向こうから急に『好きな人ができたから別れて』って言われたんです。私は彼に幸せになって欲しかったから、『わかった』って身を引きました。だけど、じつは彼はそれから間もなくして死んじゃってたんです。自殺でした。私を傷つけないように、自分が悪者になって、やさしい嘘をついて別れてくれていたんです。それで高三になって、彼がそこまでして願ってくれたんだから、私も幸せにならなきゃと思って……」

だが、そこでリカが選んだのは、あまりに性急な解決法だった。

「いろんな相手と付き合ったんです。じつは死んだ彼がビジュアル系バンドが好きで、その系統の歌を教えてくれてたので、それこそビジュアル系のバンドマンとか、ツイッター（現X）で知り合った人とかと付き合いました。けど、あまり続かなくて、それで高三の夏休みに付き合ったのが〝半グレ〟の人だったんです。その人からは、精神的、肉体的、性的なDVを全部やられました。一瞬でも連絡の間が空くと、想像の域を超えた自分の思い込みで責めてくるんです。あと、向こうの家でセックスして、その人って遅漏なんですね、で、『私もう無理』ってなると、殴られて、首を絞められて、『殺すぞ』って言われて、最後はこっちの意識が飛ぶまでやられてました」

まるで自分を罰するかのような選択ではないか。彼女は自嘲気味に呟《つぶや》く。

「いまだにそのときの〝刷り込み〟みたいな感じで、首を絞められたりしないと、感じなくなってるんですよね……」

高三の十月で十八歳になったリカは、さらに自分を追い込むことができる権利を得てしまう。年齢的に、水商売の仕事ができるようになったのだ。

「それで歌舞伎（町）を知って、とりあえずおカネを稼ごうとなったんです。その頃は荒れてたんで、そこらへんで声をかけられたオジサンと援交とかもしてました。どうせもう汚れてるからいいや。だったらカネになるセックスをしたほうがいいって……。なんか、なにもうまくいかねえな、と思ってました」

すべてにおいて捨て鉢だった彼女にもたらされた唯一の朗報は、この時期にツイッター（当時）で知り合った暴力団関係者に間に入ってもらい、〝半グレ〟の彼となんとか別れることができたということ。

「大変だったそっちのほうが収まったので、もうこれ以上はバカバカしいなと思って、ちょっとしか遊ばなくなりました。その時期、受験も控えてたし……」

とはいえ、それで暴風域を脱したわけではなかった。ついに、ひた隠しにしてきた〝あのこと〟が明るみに出てしまうのである。

「高三の大晦日《おおみそか》に、理不尽なことで母親に怒られたんですね。そのとき頭に血が上って、つい『あんたの再婚相手に私がやられてるのわかってないでしょ』って言ってしまったんです。言葉にした瞬間、あ、もう、一度口に出したことは戻せないな、って思いました。母からは『どういうこと？』って問い詰められて、これまであったことを全部話しました。もう母は半狂乱ですよ。一度は一家離散になりかけましたけど、結局、母は義父と別れられなかったんです。それで私が母から『あんたが拒否しなかったのが悪い』って責められました。それ以降はなにかあるごとに、『あんたはなんでも私のものを盗《と》るからね。男でもなんでも』って言われるようになったんです」

　彼女はそれから間もなく大学受験をして、三校に合格した。それは、胸の内に溜《た》め込んでいたものを一気に吐き出したことが、リカにとっての解毒になったのではないかと思わせるほどに、予想もできない結果だった。事実、このことがあってから、義父による性暴力はすっかり鳴りを潜めたと彼女は語る。

　しかしその一方で、母親に刺されたいくつもの棘《とげ》は、釣り針の〝かえし〟のように引っかかったまま、リカの心から抜け切れずに残っていた。

「もう、大学に入ってからは歌舞伎（町）に入り浸りですよ。十九歳になるちょっと前から、おカネおカネで、渋谷のホテヘルで勤めるようになりました。もう、見事に売れましたね。渋谷の風俗サイトで常時トップテンに入っていて、一日三、四時間くらいで、月に七十万から八十万円くらいになりました。そのときはＡＦ（アナルファック）以外は全部オッケーにしています。なにも考えてないですし、おカネが入ればいいや、だけ。完全に病んでましたね。無意識のうちに車の前に出てたり、自転車の前に出たりしてたし……」

そんな、夢遊病者のような日々が数カ月続いたという。

「あるときふと、おカネがあっても虚無感しかないことに気づいて、風俗については『辞めます』ってなりました。そのときに、やっぱりやるなら水商売のほうがいいやって思ったんです。ていうのも、風俗ってある程度の見栄えがあって、向こうにとって気持ちよくなれればいいって世界じゃないですか。だけど、水商売って顔だけじゃやっていけないんですよ。飲めなきゃ、喋《しゃべ》れなきゃやっていけない。自分の人間性が判断されるんですね。私としてはそっちのほうがよかったんで、シフトすることにしました」

同じ承認欲求であっても、相手から顔や肉体だけを求められることに抵抗があったのだろう。そうした性的な要素をすべて排除して、自分の中身を見て欲しい、自分の中身を求めて欲しい、とのリカの心の叫びが聞こえる。それはどこか〝渇き〟に近い。

「そうしてキャバ嬢をやりながら、ビジュアル系のバンドマンとかホストと付き合うようになったんです。私、一対一の関係が成り立つのは、親子とか恋人しかないと思ってるんですね。だけど私には親子という選択肢がなかった。それですぐに恋人を求めちゃうんです。そういう人がいなくなったら、自分がいなくなっちゃう。だから次々と。ほんと、これって自分のなかの防御ですね」

しかも、付き合う相手はホストならば売れっ子、ビジュアル系バンドマンならば活躍していること、という条件が付くそうだ。

「ステータスがあり、顔が良くて、その上で自分を見てくれる人だけを求めてます。なぜなら、プライドだけが自分を守るから。自分がこんな人に求められる、愛されるがないと、やっていけないから。ほんと、生きていけないと思うから……」

彼女の傷は、生半可な深さではない。だがそこに、私が薄っぺらな言葉をかけてもなんら意味を成さない。それがわかるから、私はただ話を聞く。

眼下に目をやる。歌舞伎町中央通りを蟻《あり》のように歩く人々のなかに、どれほどの物語が秘められているのだろうか。誰しもがなんらかの爆弾を抱えていることを想像するだけで、空恐ろしくなる。

私は辛うじて言葉を継いだ。

「ところでその後、義父とは家のなかでどういう関係にあるの？」

「私が母にすべてを話してしばらくしてから、義父から『お前の人生をめちゃくちゃにしちゃったよ』と謝られました。ただ、それを聞いて怒りとか、許せないとか、そんな感じはなかったですね。なんの感情もなかった。もうなにを言っても仕方ないんで。自分は前に向かって進んでるんで。それで……」

「それで？」

「なんか不思議なんですよね。結局いまも家族全員で住んでるんですけど、ある意味、義父が家族のなかでいちばん話しやすいかもって感じるんですよ」

それは、理解できないようでいて、理解できる話だった。

母親は、自分が親であることを半ば放棄して、女としてリカと向き合っている。そこに生まれるのは、同性に向けた敵意であり嫉妬心だったりする。たとえ血の繋がりがあったとしても、そうした相手に心を開くことは容易ではない。

一方で義父は、父親という立場ではあるが、血の繋がりのない男である。もちろん、越えてはいけない一線を越えて来た、モラルに欠けた存在ではあるが、それでも長年にわたって肉体の繋がりを持ってしまった異性なのである。リカのなかで、ある意味自分を通り過ぎた男に対するような、気楽さが生まれることは不思議ではない。

だが、そうだからといって、すべてが円満に着地できるかどうかは疑わしい。先にも触れた通り、リカの傷は一応ふさがったように見えたとしても、傷痕が完全に消えることはないからだ。

インタビューを終え、部屋をあとにしようとしたとき、彼女はふいに思い出したことを口にした。

「そういえば去年の十一月三十日の夜に、人生最大の（自殺）未遂をしたんです。手元にあった薬を全部飲んじゃって、三十五時間昏睡《こんすい》して、それから一回目覚めて、風呂に入って、それからまた四十八時間眠ってました」

そのときは、これまでとはまったく違う感情の振れ方で実行していたと語る。

「いつもは『死にたい』なんです。だけど、あのときだけは『あ、死の』と思って、いつの間にかそうしてたんですよね」

口調そのものは無邪気だ。だからこそ不穏な空気を感じてしまう。朧《おぼろ》げにゆらゆらと揺れるリカに目を向けながら、彼女にとって太陽となるような、そんな出会いが生まれることを、心の底から望んでいた。

# 第三章　アヤメ　その後

二〇一九年四月十九日、アヤメから唐突にラインが入った。

〈最近お忙しいですか?〉

たった一行のメッセージだ。彼女からは大学院に合格して、まだ学生生活が続くとの報告は受けていたが、それから間が空いての連絡である。簡素な文面だけに、却《かえ》って引っかかりを覚えた。

私は出張の予定が入っていたため、今週は難しいが、来週以降なら時間の都合がつくことを返信した。すると、今度は彼女に予定が入っているらしく、大丈夫なときにまた連絡してもらうことにして、その場のやり取りを終えた。

だが、アヤメからの連絡は五月を過ぎ、六月になっても入らなかった。私自身も多忙なことにかまけて、彼女のことは頭の引き出しの奥に追いやっていた。

やがて私からラインで連絡を入れたのは、七月八日のことだ。

〈元気ですか？　ちょっと間が空いちゃったねえ。近況について話が聞ければと思うんだけど、近々時間とれないかなあ？〉

するとー分後に返信があった。

〈元気かと言われると精神のほうが調子良くはないですが、生きてはいます。いつにしますか？　予定空けますよ！〉

そしてその三分後、彼女から次の文面が追加される。

〈お客様向けのコピペで恐縮ですが、今月のバイトは以下のような予定です。

【Ｆｒｅｅｓｔｙｌｅ Ｂａｒ　××】（××と△△は店名、以下同）

8日　月曜日　23時～ＬＡＳＴ

14日　日曜日　23時～ＬＡＳＴ

22日　月曜日　22時～ＬＡＳＴ

29日　月曜日　22時～ＬＡＳＴ

【△△】

16日　火曜日　20時30分～

30日　火曜日　20時30分～〉

その予定を見ると、週に一度の割合で深夜営業のバーに入り、二週に一度の割合でスナックで働いていることがわかった。私は彼女からバイトをしていると聞き、一年ほど前に一度だけそのスナックを訪ねたことがある。昔懐かしい昭和の香りが漂う、彼女以外は年配の落ち着いた女性ばかりが働く、品行方正な店だった。そこですぐに返信する。

〈ありがとう。不調も含めて話を聞くよ。今月は12、13、15、16が空いてます〉

するとアヤメはすかさず返してきた。

〈12日19時30分以降なら空いてますよ！〉

ではそれで決まりだ。私は新宿で20時の待ち合わせを提案し、〈メシでも食いましょう〉と付け加えた。

アヤメからは〈承知しました！　やったー！　ご飯だw〉と初々しい言葉が届く。これで彼女と会う手筈《てはず》が整った。

彼女が語る〝精神の不調〟とは、どういうことなのか。それについては、直接本人の口から聞くほかない。


取材当日、院の講義が終わり、そのまま待ち合わせ場所にやってきたというアヤメは、セルフレームの眼鏡をかけて、柄物のワンピースという姿だった。講義テキストなどの入った大きなリュックを背負っている。こうして会うのは、彼女が働くスナックを訪ねたとき以来だが、外見の印象は変わらない。ひとまず二人で居酒屋に入る。

「ラインにあったけど、最近なに、精神の不調ってなにがあったの？」

背後で酔客の声が上がる左右の空いたテーブル席で、向かい合わせに座る。互いの飲み物を頼んですぐに、私は単刀直入に尋ねた。

「まあ、あの、いろいろ。母親からの分離ができて、一人暮らしを始めたんですね。で、あの、彼氏と別れたんですよ」

いきなり、「母親からの分離」という強い言葉が出てきたが、表情にとくに思い詰めた様子はない。それよりも、アヤメにとって精神的な支えとなっていた彼氏と別れたという話に驚いた。そこで思わず口にする。

「例の彼氏とは続くだろうなと思ってたんだけどねえ……」

「なんか違うなと思っちゃって。将来に対してすごく甘いというか、自分を守りがちなタイプなんですよ。で、あの、そういう保身に回った話ばかりしてるんで、ちょっと一回距離を置こうかってなったんです」

具体的な内容はわからないが、おおよその見当はつく話だ。別れた時期を尋ねる。

「最近ですね。六月の初めとか。すごく最近なんですけど」

「先月なんだ」

「そう、先月」

「彼も大学院に行ったの？」

「いえいえ、そのまま就職で、就活もかなりもたもたしてて大変で、十一月くらいまで決まらなくて。で、なんとか滑り込みで入った会社が、施工管理の会社で……」

「学校の勉強とは関係ないわけだ」

「関係ないところに入って、いまは××にいますね。赴任先が××だったんで」

つまり別れたのは、二人が遠距離の関係になってからということになる。前に彼女から、同級生の彼とは大学一年の十月から付き合い始めたと聞いていた。私はふいに「付き合ってけっこう長かったよね」と漏らす。

「長かったですね。だから、自分の保身に走ってしまうようなところとか、ちょっと幼いところとか、直るかなと思って見守ってきたんですけど、直らなかったんで、距離を空けようと思って……」

「すんなり空けられた？」

「いやあ、向こうはちょっとごねたみたいな感じでしたけど、なんかいままでの『別れよう』とは違うと感じとったみたいで、『わかった。ちょっと距離を置こう』って。それで、連絡は取り合ってはいるんですけど、別れて。そうすると、私のほうもあっちに頼りがちな部分もあったので、そういう意味で相談できる相手が少ないなって……」

そこに注文していた茹《ゆ》で落花生が運ばれてくる。アヤメはそれを一つ食べ、「美味《お》し《い》い」と笑みを浮かべた。私は聞く。

「誰かそういうことを相談できる同性の人とかはいないの？」

「同性だと、大学の友だちが一人、唯一なんでも話せる子が一人いて、あとは、なんといってもリカですね」

「リカちゃんとはどれぐらいの割合で会ってるの？」

「まあでも会うのは……。最近では、別れた直後に会いましたね。翌日にちょっと勢いで呼び出して、『近くまで行くからちょっと付き合って』って言って、公園で缶チューハイを飲んでました。新宿の、彼女の部屋の近くにある公園で」

「朝？」

「夜。というか夕方。私の学校帰りに」

　アヤメの紹介がきっかけとなった、リカへのインタビューを思い出す。私は継父に性行為を強要された彼女の話にも、衝撃を受けていた。

「二人は同級生だったけど、リカちゃんと仲良くなったのはいつなんだっけ？」

「中二とか中三ですかねえ。うちは中高一貫で、中一くらいからいるのは知ってて、別の子経由で知り合って、その子もだいたい家庭環境〝難アリ〟だったんですけど、その三人で集まって、廊下とかで話すことが多かったんです。ただ、その子とは価値観が合わないことに気づいて、最近は距離を置いてるんですけど、リカとはずっと合うんです。それがいままで続いてる」

リカに対しては、これまでのやり取りのなかで、キャバ嬢然とした外見が抱かせる、〝遊んでる子〟というイメージではなく、〝きちんとした子〟であるとの印象を抱いていた。だから確認の意味を込めてアヤメに問う。

「リカちゃんはどちらかといえば外見はいかにもキャバ嬢って感じで、アヤメちゃんとは服装とかの好みが違うよね。それでも仲がいいってことは、やっぱり彼女って見た目と内面が異なるっていうこと？」

「内面が違いますね。たぶんキャバ嬢らしくないんじゃないかなあ。リカとラインとかよくするんですけど、彼女の考え方っていうのが、全部数式的に考えてるんですよ、世の中を。で、仕事中もお客さまはこうだからっていうのを、自分のなかで数式で考えて行動してるタイプなんです」

「なるほど。それで仕事を組み立てて、結果を出す、と」

「逆に私は哲学理論というか、いろいろ言葉の理論で考えるんです。それをお互いに知ってるので……。哲学も数学ももともと根幹は一緒じゃないですか。だから通じ合えるんだと思いますね」

彼女の口から出た「根幹は一緒」というのは、なかなかに好ましい表現だと思った。私はそれまで飲んでいたビールを、芋焼酎のロックに切り替える。

続いてアヤメがラインで送ってきたアルバイトのスケジュール表にある、深夜営業のバーについて尋ねると、ガールズバーだと彼女は答えた。いわゆる、女性がカウンター越しに接客するバーのことだ。そこで、なぜその仕事を選んだのか聞く。

「最初に、スナックとかキャバクラとかを選びたかったんですけど、そのときけっこう太ってて、で、とにかく風俗からは上がりたかったんですね。だからとりあえずなんか水商売で仕事をって考えてて、まあ、経験も少しはあるし、それで……」

「風俗から上がったのはいつだったっけ？」

「上がったのは、三年のときですね」

「ていうことは、二回目のお店紹介でインタビューした、あの店が最後？」

「あそこが最後です」

「なぜ上がりたいと思ったの？」

「いやもう、ほんとに急でしたあれは。なにかトラブルがあって、とかじゃないんです。出勤時間フルで買い取ってくれるお客さんとかもいたくらいなんですけど、急に飽きたなって……」

　アヤメはそこで、「ふふふ……」と笑い声を漏らす。思い出し笑いとも、困惑したときに出る笑いともつかぬ種類のものだ。

「なんかこのまんま続けても……たぶん新しい子とか入ってきて、自分が年齢的には若いけど、入ったとき順では自分がどんどん上のほうになっていって、そのまま自分が年齢を重ねてこの仕事を続けていってもって思い始めたのかなって……」

「じゃあ別に、仕事そのものに対する拒絶感っていうんじゃないんだ」

「はい。……卒業かなって思ったんです」

「そもそも最初の風俗での仕事にSMの店を選んだっていうのは、前に話してた、そのとき勉強していたこととの繋がり？」

「そうですね。はい。なんか、学ぶことは学べたかなって思うんです。いろいろ。それで卒業だってなって、昼間の仕事もちょっとやってみようかなと思って、『××』を受けたんです」

彼女が名前を挙げたのは、全国チェーンのコーヒー店だ。

「これ笑っちゃう話なんですけど、面接中に、『うちの店はマニュアル接客なんで、なにも心配することないですよ』って言われたんですよ。それが逆効果で、私には。マニュアル接客で怒られてパニックになったっていう過去だったんで、逆にそれを言われたことでパニック発作を起こしちゃって、手、震えちゃって、泣き出しちゃって、もう続けられなくて、面接自体がなくなったっていうか……」

以前のインタビューで、アヤメはSMクラブでの仕事を始める前に、風俗ではない店でアルバイトをしていたことを明かしている。その際には、「メンタル的な原因で発作が起きちゃって、仕事を続けられなくなったんです」と話していた。

「トラウマになったのはどういうこと？」

「大学一年のときに、地元の『△△』で働いてたんですね。少しだけ。そのときに、忙しさと、その忙しさのなかでマニュアルでやっていかなきゃなんないのがしんどくなっちゃって、それ以来、働くのが怖くなっちゃったんで……。店で責め立てられちゃったんですよね。あまりにも仕事ができないのもあるんですけど……」

この店も全国チェーンの飲食店だ。私は、「まあ、慣れないうちはそういうこともあるよね」と口にする。

「初めてのアルバイトだったので……」

あまりに極端な経験である中高生時代の援助交際を除外すれば、この飲食店でのバイトが、彼女にとっては初めての、社会と繋がりを持った仕事ということになる。だがそこで心が折れ、挫折してしまったというのだ。

「とはいえ、その後の仕事でも接客を選ぶのはなんでなんだろうね？」

「やっぱりいろんな人と出会いたいからですかね。なんか、人の話を聞いたりとか、人と話すのは嫌いじゃないので……。だから、こういう感じで向き合ったりとか、隣に座ったりとか、一対一でも、一対複数でも、ちゃんと人として、相手をするっていう仕事は性に合うと思ってるんで……。それこそ風俗の仕事もそうだったんです。やっぱり一人のお客さんと、そういうゆっくり対応ができるって言うんですかね……」

つまりマニュアル化された忙しい環境のなかで、機械的な仕事に忙殺されることには耐えられないが、ゆっくり相手と向き合う仕事はやりたいし、性に合うということなのだろう。アヤメは続ける。

「いまの接客業でももちろん、言い方悪いですけど、人をおカネとして見なきゃいけないときって、どうしてもあるんです。だけど一対一の対話があるので……」

「人をおカネとして見るというのは、相手の気を引くようにするとか、気に入ってもらえるようにするっていうこと？」

「そうですね。あの、なんだろうな。でも、基本的にはそこまで極端なことはないです。こういう話をして盛り上がればいいな、くらいです。私は色恋みたいな営業はしないので。その人に気に入ってもらえば、まあドリンクは出るかな、くらいは考えますけど……」

「ああいう店って、やっぱり女の子のドリンクが出ると出ないとで違うの？」

「うふふ、バックが入るんで」

バックというのは、基本給の他に売り上げに即して女の子に入る歩合給のことだ。

「どれくらい入るの？」

「店にもよるんですけど、私のいま働いているガールズバーだと、グラスが二種類あって、小さいグラスだと一杯千円で提供して、バックが百円。で、大きいグラスだと、千五百円で提供して、五百円入るんですよ」

「そら大きいほうにしたいよねえ」

「そうなんですよ。あと、ガールズバー（での仕事）を始めてからは、自分がキャッチが上手《うま》いっていう、自分で言うのもなんですけど、人よりできるってことに気がついて……」

「やっぱり女の子は外で客引きしなきゃいけないんだ」

「あ、はい。それはけっこう得意なほうだと思いますね」

「どういうふうに誘うようにしてるの？」

「基本的には『四十分千円でやってます』、みたいな声かけなんですけど、遅い時間になると人がいないんで、個別に話しかけていって、話の途中で、『いや、たぶん気づいてると思うけど、お店なんだよね』とか、そういう会話に持って行くんです。客観的に結果を見ると、人がいっぱいいる早い時間帯よりも、人がまばらな夜遅い時間帯のほうが（客が）取れてるんで、個別に話しかけるほうが得意なんだなって……」

「服装は？」

「うちの店はTシャツが決まってて、あと春から秋にかけてはショートパンツか、膝丈くらいのスカートですね。自分で用意して、店で着替えてます」

接客だけでなく、集客にまで関与しなければならない仕事にもかかわらず、給与はかなり安いそうだ。

「時給としてガールズバーが千二百円で、スナックのほうが千五百円です。大学院生だから、研究にかなり時間を回さないといけないんで、バイトの時間を増やせないんですね。だけどそうすると、いまの時給だと生活がやっていけないっていうのもあって……」

アヤメは大学院に入ったのを機に、彼女曰《いわ》く「母親の管理がすごいので、それが嫌で」実家を出て一人暮らしを始めていた。学費と家賃と光熱費は両親が出してくれているが、その他の生活費はバイトで捻出している。

「いまバイトでは、月にどれくらい稼いでるの？」

「減りましたよ、だいぶ。前は十万近くは稼いでましたけど、今年に入って六万くらい。で、先月分の給料は時給計算だけだと二万くらい。ははは。今月貰《もら》えるのは、それにバックとかも入って、せいぜい三万くらいです。だから、また同じようなガールズバーとかガールズラウンジ、クラブ、スナックなんかで、時給の高いところを探してるんですけど、面接で落とされが続いて、なんか就活みたいな状態です」

面接で落とされる理由について、彼女は髪に薄い青色が入っていることと、自身のややふっくらとした体型を挙げた。

「けっこう髪に色が入ってるのって、嫌う店があるんです。それを理由に、面接の日に店の戸口で断られたこともありました。あと体型ですね。ダイエットしないと。メンタルの薬で太りますもん……」

夜に会ったためか、恥ずかしながら、アヤメの髪に青色が入っていることに、言われるまで気づかなかった。それくらいの淡い青だ。私としては体型のくだりで出てきた、「メンタルの薬」のほうが気になっていた。

そこでさりげなく口にする。

「病院は行ってるの？」

「行ってますねえ」

「どれくらいの割合で？」

「一、二週間に一回ですね。いまは薬を変えたり調節してる時期なので」

「そっちのメンタル面に関していえば、やっぱり原因としては中学、高校時代のことがいちばん大きいのかな？」

「たぶん、そうだとは思いますねぇ」

「解消はできないよね」

「ちょっと治んないですね、なかなか……。まあ、いままで鬱病だと思われてたんですけど、もう一回再診っていうか、チェックし直してみたら、自分がこれは幻聴の部類に入るのかなと思ってたものが、一応病気的にはしっかり幻聴に入るらしくて、鬱病じゃなくて統合失調症だっていうことみたいで……」

アヤメがここまで話したところで、注文していた板わさなどの食べ物が運ばれてきて中断する。彼女は毎回そうだが「ありがとうございます」と店員に礼を言う。そして店員が去ると続きを話し始めた。

「お医者さんからは感情障害だと言われて、あと、一回オーバードーズの経験があると、睡眠薬を出してくれなくって……。そういうわけで、睡眠薬は出してくれないし、お薬も弱いのじゃないとダメみたいで、だから弱いのをどう組み合わせるかというのをいまやっているところなんです」

「幻聴ではどういう声が聞こえるの？」

「だいたい責められてる声ですね。なんか、『死ねばいい』とか明確に聞こえたり、雑踏のなかで誰かになにかを言われてたりとか。で、幻覚としては、ずっと自分の右斜め後ろに人がいるような感じがして、それが殺気を持った人がいるような感じなんです。目の端に映ってるような感覚」

直接的なきっかけはなんであるかわからないが、過去に負った心の傷がなんらかの影響を与えていることは明らかだろう。私はひとまず現在のことから離れ、未来についての話題に方向を転換した。

「大学院の先はどうするつもり？」

「いちばんに目指しているのは大学教授ですね。ただもう一つ、文芸の同人誌を専門に請け負う出版社を作りたいとも思ってるんです。そういう需要はあると思うから。まあ、調べてはいますけど、すごい皮算用ですし、学生の考えることなんであれなんですけどね。けっこう難しいとは思うんですけど、やってみたいなって……。だから理想としては、大学教授をやりながら、ある種の副業としてその会社をやればいいなって……」

会社といえば、彼女の親友であるリカは学生ながらに起業している。そのことがふと気になった。

「あの、リカちゃんがやっている会社って、最近どうなったか聞いてる？」

「一応やってはいるみたいですけど、本格的には動いてないみたいですね。でも、将来的にリカがその会社をやりながら、彼女の彼氏さんも自分で映像系の会社を立ち上げたいみたいで……。じつはリカ、その彼氏さんと結婚する前提で、いま同居してるんです。彼氏さんは学生なんですけど、就職先が決まったらしくて、結婚する予定があることは、その会社にも伝えているみたいです」

彼女が話すリカの彼氏というのは、どうやら以前のインタビューで聞いていた二十八歳のホストではないようだ。それはまた直接本人に話を聞く必要があるかも、などと考えていると、目の前のアヤメが言う。

「まあ、私もさっき話した出版系の会社を立ち上げるときには、彼女のところに映像系とかホームページ作成とかは、仕事として依頼するよって言ってるんですね。そのために私も学校での勉強が落ち着いたら、知的財産管理技能士の資格を取ろうと思ってますし……」

ちゃんと前を向いている発言を聞いたことで、質問しにくいことを切り出す。

「あのさあ、いまだから話せることを聞きたいんだけど、過去に性的な被害に遭ったのに、大学生になって選んだ仕事が風俗だったのはどうしてなんだろう？」

「うーん、ある意味、自傷だったのかなあって。自傷行為の一部だったと」

「そういう自傷をやってみて、いまはそのときの経験についてどう捉えてる？」

「まあ、辛かったところもありますし、もちろん。ただ、後悔はしてないです。やってよかったかって聞かれると、まだなんとも答えは出ないですけど、やったことによって、人の深いところまで知れたなっていう……。お店ではプレイ以外でお話しする時間もあったりするんで、いろんな人のいろんな面を見れたことはよかったかなって……」

「自傷の反面、癒しになることもあったりした？」

「あったと思います。それこそ人の話を聞くっていうことが、私のなかである意味得意なことでもあり、苦手なことでもあり、自分を顧みるきっかけにもなってたと思うんです。あと、仕事中の私って、私であって私でないので、自分じゃない自分でいる時間の間に、自分の悩みを隠すという、そういう時間でもあったのかなって」

それは自己の内面に向けて、木を森に隠すということだろうか。ただし、木は木でも、傷ついた木だ。

「つまり、その時間においては、悩みから解放されてたわけだ」

「そうですね。悩みを人に言わなくても、そこから一時的に離れられるっていうか。私のなかでは、本当は聞いて欲しいが強いんだと思います。ただどうも、なにかと相談される側に回っちゃうんで……」

そう言うと、「ははは」と小さく笑った。

「たとえば今後、大学教授になってからでもいいんだけど、自分の経験や体験を人に話そうとかって思う？」

「うーん、近しい人には話すかもしれません。それこそ大学教授になったとして、ゼミ生にだったらまあ、言えるかもしれません。あとたとえば、自分が親になったときに、自分に娘ができたとしたら、言うかもしれません」

「あくまでも限定した相手だ」

「パブリックに話すなら、話したいって気持ちもありますけど、まだまだそういった、私のやってきたお仕事っていうのは、あんまり好印象に受け取られないと思うので。だから、それを大きな声で言うのは、いまの社会においては違うかなって。そういったお仕事に偏見がなくなったら、言えると思うんですけど」

そこでアヤメが〝経験〟について、風俗での仕事に限定して答えていることに気づき、軌道を修正する。

「いや、お仕事の話だけじゃなくて、過去のことについても……」

「あ、過去の。うーん、どうでしょうね。過去のほうがより言えないかもしれない。言う人は限定されると思いますね。いまみたいに」

「言えないというのは、さっき話してたみたいな、社会的な状況を鑑みて？　それとも個人的に？」

「それは完全に個人的な感情ですね。社会的にいえば、ある意味被害者だから、声に出したほうがいいって言われると思うんですけど、ただ、それで自分が救われるかっていったら、蓋をしておきたい気持ちのほうが強いです。もちろんそういうことがこれから先、世の中にあって欲しくないし、そんなことが現実にあるんだよっていう意味では、言ったほうがいいかもしれないという葛藤はあるんですけど、自分自身は……あれかなあ、戦争体験者の方のなかで、自分で語りたい方と、語りたくない方がいるような感じなのかなあ。一緒にするのはよくないのかもしれませんけど、それに近いもののような気がしますね」

彼女が言うことはもっともだ。そしてその蓋を開けようとしている私は罪深い存在である。だがそれでも私は聞いてしまう。

「もし、あのときの先輩に偶然会ったらどうする?」

「もう、どうなるんだろう。ただ、ある意味、私の原動力のなかに、あの人たちを見返してやろうというのがあるんで。まあ、そのときにどこまで自分が夢を実現してるのか、やりたいことに到達してるかはわからないですけど、到達してたら、私こんなにすごいことができるようになったんだけどって……。まあ、いまのままの私だったら、たぶん隠れちゃいます。だからもっと自信をつけてから……」

あれほどの苛烈な体験で傷だらけになりながらも、それを原動力とする。もちろん、薄氷のような脆《もろ》さはあるのだろうが、少なくともそれを口にできる限りは、芯の部分には強い生命力が宿っていると感じた。だから、さらに踏み込んだ話をする。

「ところで、自分の性欲とはどう折り合いをつけてる?」

「性欲ですか。うーん、たぶん私、性欲強いほうだと思うんですよ」

「でもいま、彼氏と別れちゃったよねえ」

「だから自分でしちゃってます。でも、できることなら誰か探したいなって思いますね。うふふふ。探したいんですけど、どうもうまい具合に見つけられないんで。それに、前の彼氏と付き合うときに、セフレは全部切ったんで。あの、笑っちゃう話があって、前にリカと飲んでたときに、『あのさあ、お前はさあ、愛人タイプなんだよ』って。あはは。リカに言われましたね。『もうお前は誰かの愛人になったほうがいいよ』って」

「そんなことを言うリカちゃんはどうなのかねえ？」

「あの子もまわりからは強く見られますけど、実際は弱いといえば弱いから。繊細な子なんです。そういえばリカ、こないだ実のお父さんと、彼氏さんと一緒にご飯食べに行ったらしいですよ。実のお父さんとは定期的に会ってるみたい」

アヤメはリカの話をするとき、じつに嬉しそうな顔をする。全幅の信頼を置いた、それこそ〝戦友〟のことを語る表情を見せる。

「たぶん本人に会ったときに向こうが言うと思うんですけど、あの子が新宿で住むようになったのも、置き手紙一枚残して実家から飛び出してきたからなんですよ。母親から逃げるために。よく二人で話したときに、リカは『自分の夢よりも、自分の目の前の生活を脅かされる危険度が高かったから、そこから逃げるのを優先してしまった』って言うんです。それで、私が夢のために大学院を選んで、親から逃げないことっていうのは、『ある意味強さだから大丈夫だよ』って言ってくれるんですね。『私はそれができなかったけども』って……」

実家で継父によるリカへの性暴力が明るみに出たとき、実母が彼女を敵対視して攻撃するようになったという話を、前にリカ本人から聞いている。私は、親から逃げないことが強さではなく、ときには逃げることが最良の解決策であり、リカが負い目を感じる必要はまったくないと口にした。

「そうですね。でも私はリカが私を力づけるためにそう言ってくれることをありがたいなって思うし、また頑張ろうって気になるんですよ。だからこそ、彼女にもしなんかあったら、なにを差し置いても駆けつけたいなって思ってるんです」

胸の奥が熱くなる。ふと、私とアヤメを挟むテーブルの上の食べ物が、ほとんどなくなっていることに気づいた私は切り出した。

「カラアゲいけるかい？」

「いけます！」

アヤメは笑顔で即答した。

# 第四章　リカ　その後

　アヤメと会ってから、実母から逃げるために実家を飛び出し、いまは新宿に住んでいるというリカのことが気になった。

　私は彼女が朝キャバ（クラ）の仕事を続けている可能性を考え、昼過ぎの仕事上がりのタイミングを選んで、近況を尋ねるラインを送った。返事が来たのは一分後。相変わらず絵文字のない文面だ。

〈お久しぶりです。まだ朝キャバやっています。あとは、実家を出て婚約者と一緒に暮らしています。親ともある程度和解し、いい距離感になりました〉

　落ち着いた文章にひとまず安堵する。その日は実家にいるので細かい話ができないという彼女に対し、私は新たに話を聞きたいので、後日改めて連絡することを伝えた。

翌日、急遽《きゆうきよ》出張の予定が入ってしまった私は、次に連絡できるのは一週間以上後になることをラインで伝え、改めてリカに連絡を入れたのは、それから九日後のこと。

〈こんにちは。連絡が遅くなりました。できれば近い時期に、お時間をいただくことは可能ですか？　難しい場合は電話でも構いません。ご都合のいいほうを教えていただけると幸いです〉

このラインに対しても、リカは速やかに返信してきた。

〈こちらこそ、返信できずすみません。今回は旦那が不在の時に電話という形が好ましいのですが大丈夫でしょうか？？理由についてもその時にお話ししようとは思っております〉

それからのやり取りで、これから夕方までの間なら大丈夫だということがわかり、私は取材の準備をして電話をかけることにした。

「もしもーし」

ラインの丁寧な文面とは違う、どちらかといえばフランクな様子でリカは電話に出た。

そこで私は挨拶も早々に軽く切り出す。

「え、なんかもう結婚しちゃったの？」

「いやなんか、一応、まだ相手が学生で、来年就職なんで、四月から。そのタイミングでとりあえず事実婚ってカタチで扶養にだけ入ろうかなって思ってて……」

「そうなのね」

「そうなんですよ。二年一緒にいるんです」

「え、いつから？　二年？」

「一年半以上一緒に住んでて……。付き合って半年で同棲《どうせい》してました」

私はリカが「旦那」と呼ぶ相手についての情報をほとんど持っていない。ただ、どうやら前に話を聞いていたホストたちとは違うようだ。そこで尋ねる。

「あの、その人とはどこで出会ったの？」

「アフターでお客さんと行ったバーで働いてて、お客さん差し置いて……ははは」

リカは少し照れた様子で語り、笑う。

「一応まあ、結婚は考えているんですけど、過去のゴタゴタとかは、そこまで知られたくないんで……」

そういう理由で、私とは外で直接会っての取材ではなく、彼がいない時間帯の電話取材を選んだのだと語る。

「いまはリカちゃんって、仕事はどうしてるの？」

「最近は家のことが中心なんで、ちょっと朝キャバやりながら、ＩＴをフリーランスでってカタチです。個人で家でできる仕事は、相変わらずやってますね」

「そうなんだ。朝キャバは前と同じくらいの時間から？」

「そうです。で、夜の店はオーナーと大ゲンカして辞めたんで。ふふふふ」

営業方針が定まらず、彼女に裏方仕事などをすべて丸投げしてくるオーナーの態度を腹に据えかねて、「ブチ切れて辞めちゃいました」という。

「いつ頃辞めたの？」

「いつだったかなあ。もはや記憶にない。抹消しました、あははは」

「たしか、前に取材したのが二年前だったから……」

「たぶん、それから数カ月後ですかねえ」

「たしか前に、昼のITのほうはしばらく休もうかなって話をしてたけど……」

「あ、そうですね。もう、そっちのほうは休止って感じで、実権は共同経営者の方に渡ってるんで。いまは家でもできる仕事だけです。私もこれから家庭持つから、そんなにがっつり（仕事を）入れないわって。なんかあったら連絡して。助けるときは助けるからって」

「ただあれでしょ。起業のとき、リカちゃんは二千万出してるでしょ」

「まあでも、また稼いでるし。ふははは」

「朝キャバで稼ぐってこと？」

「まあそれで全然大丈夫ですね。いまは一応、旦那を養ってる状態なんで」

「そうなんだ。旦那さんはそのバーでまだバイトやってるの？」

彼女が「旦那」との単語を使う以上、私もそれに倣うことにする。

「バーのバイトはちょこちょこやりながらです。向こうは大学四年生だから、卒業制作でいま忙しくて……」

彼は今年二十三歳になるリカの、一歳下とのこと。

「たしか二年前に話を聞いたときは、当時の彼氏さんはホストだったよね。その人たちは旦那さんと出会って別れたの?」

「全員、ばっさり切りました。その前の段階から疲れたなって思ってて、仕事に本腰を入れようかなってときに、ちょうど出会ったんで。ま、これを機にっていう……」

「なににいちばん惹《ひ》きつけられたのかな?」

「意外と全然付き合う気もなくてぇ、お客さんと飲みに行ったバーだったから、面白い子いるなあくらいしか思ってなかったんですね。で、次の日にカラオケ行かないって言われて、すごい営業熱心な子だなって思ってたら、その店の代表さんに、『えっ、いままでお客さんと遊ぶなんて言ったことないんだけど』なんて言われて、なにがあったのかなって思ってたら、気づいたら付き合ってた、みたいな感じです」

彼が働く店は歌舞伎町にあり、アフターでよく使われるバーだという。

「お互いなんで付き合ったんだろうねって言うけど、わかんないねって……。でもやっぱり、キャバクラの仕事に関しての理解がすごく大きいんで。あと、私が仕事で疲れ切って、家でギャンギャン泣いてたら、全然もぉ、うるさいともなにも言わず、とりあえず放っておいて泣かしてくれるんで。私のなかで、逆に仕事のモチベーションがもう、水商売に対してなくなりましたからね」

「そっか。てことは、精神的にも落ち着いてきたってこと？」

「いやあ、もう、ほんとに。嘘みたいにピンピンしてます」

「ああ、よかったねえ」

「初めて自由な生活になって、最初はやっぱり失う怖さのほうが強くて、毎日毎日いなくなるんじゃないかって、泣いてたんですけど……」

「その彼が？」

「そうなんです。自分のなかで人をなかなか信じないところがあって、ちょっとでも連絡くれないと浮気してるんじゃないかとか、まあずっと思ってて、でも気づいたら一年、二年と過ごし、そのうちにそんなことも思わなくなり、向こうの実家にももう挨拶して、それで、気づいたらふつうの生活になってたんで……。逆に、いまは自分の過去とかのほうが怖いですね」

「ああーっ、そうか」

「うん。いつバレる、バレたらどうしようって……」

「バレるってことはないよ」

「まあ、どうなんでしょうねぇ……」

リカが援交や風俗など、過去の行状の露呈を不安に思う気持ちは、十分すぎるほど理解できる。だが、彼女が胸の内に留めておくことさえできれば、秘密は守られるはずだと言うほかなかった。一方で、継父から過去に受けた行為を除く、母子間での揉め事については、旦那さんにはすでに知られているという。

「あの、一応家庭のゴタゴタはもう、旦那に見られたんで。ふふふ。学生を辞めて、二十歳《はたち》超えてるのに門限が十時ってありえない状況だったんですね。親が厳しいからずーっとそうだって話を私はしてて、まあでも実家に呼んだりとか、親に紹介したりとかはして、そんときは母親も化けの皮を被ってたんで、『思ってたよりは優しそうな人だね』とか言われたりしたんですけど、母親のヒステリックが起きたときに、もう包丁持って家で待ってるって状態があって……」

「えええ、そうなんだ？」

門限十時や、母親も化けの皮を被ってなど、気になる文言もあったが、それ以上に包丁の話に驚き、単純な言葉しか返せない。

「それがもう私、怖すぎて、外でパニック起こしちゃって……。『早く帰ってこいよ！』みたいな電話が（母親から）きてるときも、もう出れなくって。で、代わりに電話貸せって出てくれて、『まだ結婚もしてない、親族じゃないかもしれないですけど』みたいな、『あの、一応いまお付き合いしてる大事な彼女なんで、そんな危ない場所に帰せるわけないだろ』ってぷちっと切ってくれたんですよ」

リカは母親の電話での恫喝《どうかつ》を、それを模した怒鳴り声で表現する。

「そんときは母親も、『あんたには関係ないでしょ！』って。もう化けの皮が完全に剝がれてて。で、まあ、そのことがあって家にいるのも危ないし、もう離れたほうがいいだろうって、無理やり家から出してくれて……」

「それが一年半前なのね」

「そうなんです。去年の三月かな」

「家を出て彼のところに転がり込んだの？」

「私が新しい家を契約するって言って。あの私、一人暮らしは絶対怖かったんですね。そうしたら『別に俺も引っ越しはできるから』って。『親もなんでもいいよって言ってるから』って。じゃ、新居探そうねってなって、いま歌舞伎町の近くに住んでるんですよ」

「そうなんだ」

「それで私が出勤に便利なところに決めたんで、家賃が高いから別に払わなくていいからって言って。ははは。十四万、１Ｋで月十四万するんで、さすがに学生で奨学金借りてる子に、半分払えとも言えねえなって思って」

前から感じていたことだが、起業資金のことも含めて、リカはおカネについて頓着する様子を見せない。もちろん仕事で稼いでいるということもあるのだろうが、自分が持っているときは躊躇なく出す姿勢が垣間《かいま》見《み》える。私は話を変え、先ほどの彼女の発言で気になっていたことを質問した。

「あの、さっき門限十時だって言ってたよね。だけどその当時、たしか夜キャバをやってるって言ってたんじゃない？」

「あ、夜は仕事で残業って嘘ついてて、それで夜キャバというか、ガールズラウンジの黒服になってたんですね。だから終電より全然前に帰ってました。私が店開けと仕込みと、女の子の出勤管理して、で、オール（ナイトの女の子）にバトンタッチって感じで……」

「それは辞めた新宿三丁目の店のこと？」

「そうですそうです。だからそのときはバレないように、バレないように。で、うまーく」

「家で門限は十時って決められてたんだ」

「基本的に。遊びに行ってくるでも、十時少しでも過ぎたら、『なにやってんの』、でしたね。『もう家入れないから』って言いつつ、それから家に引き込まれて、しばらく正座させられてぶん殴られる、みたいな。はははは」

電話の向こうのリカは、自嘲気味な乾いた笑い声を上げる。

「帰りが遅いってだけで怒るわけだ」

「なんかもう、自分が外に出れないのに、娘が外に出ること自体が気に食わない母親だったんで。だから、仕事って理由で、私が家で晩ご飯を一週間食べられないとなると、その段階でもう、ヒステリック発動みたいな感じで……。娘なんだから、女の子だから危ないでしょ、じゃなくて、私はこんなに家のことやってるのに、あんたは外に出て、みたいな感じで切れてたんです」

「それで、包丁を持ち出すまでに……」

「でもなんか、一年半距離置いて……まったく連絡取らなかったんですよ。で、久々に保険の関係で、連絡取らなきゃいけないときがあったんですね。そうしたらもう、家計も切り離されて、世帯も切り離されてってなってるんで、母親が茶飲み友だちみたいな感じになっちゃってて、逆にそこで関係は良好になりました。親子関係に戻ったら、たぶんまた同じことになるんですけど、たまに会う分には付き合える、と」

「一緒に住むとダメだと」

「たぶんそうですね。この前も……母親は二十四で私のこと産んでるんですけど、『あんたはまだ結婚を考える年齢じゃないでしょ』って。けど、あんたもすでに結婚して娘産んでるやーん、みたいなスタンスで。たぶん私を娘として産んだ記憶が、彼女のなかでほぼなくなってますね」

　そこで私は気になっていた、継父の現在についての話を滑り込ませる。

「あと、最近は義父のほうはどうなの？」

「ああ、もう会うことはないですね。実家に行っても昼間仕事に行ってるんで、会うことはないし、会っても、『ああおはよう』、『バイバーイ』、みたいな」

　リカはさらりと答えた。

「前に話を聞いたときは、義父はわりと話しやすい相手って言ってなかった？」

「話しやすいは話しやすいのかもしれませんけど、逆に追いかけられる不安のほうがあったので。引っ越すときに」

「誰から？」

「あの、母親に。とにかく実家に居場所がバレるのが怖かったんで。だから、誰とも連絡取らなかったんです。で、助けが必要なとき用に、口止めをしてるおばあちゃんには一応住所を教えておいて、あとは実の父親が緊急連絡先になってくれるっていうから、そっちは繋がってはいるんですけどね」

「実の父親とは連絡取ってるんだ？」

「あ、取ってます取ってます。この前も家に遊びに行きました」

「ははは。じゃあ、いまは家と距離を置いて、とりあえず上手くやってる、と」

「そうですね」

もう一つ、先ほどリカが口にしていた、過去がバレる不安について改めて聞かなければならない。私は切り出す。

「あと、旦那さんには過去の話は知られてはいないんだったよね」

「えっと、家とゴタゴタがあったとかいうことは話してるんですけど、さすがに風俗してた、援交してたって話はできないんで……」

「そらそうだよね」

「そこだけは、もう……」

「あと義父の話も……」

「も、してないですね。さすがに、それはたぶん殴り殺しちゃうと思うんで」

殴り殺すという強い言葉を使ったことに照れてか、彼女は小さく笑う。

「それはお母さんがブチ切れてたときにも、そういうことを口にしたりとかはなかったってことだよね」

「ないですないです。他人に知られたくない話なんで。うちの家庭では一切なかったことになってます」

「いまはそうなんだ」

「いやもう、たぶん、タブーですね。その言葉自体が」

リカの口調は落ち着いている。だから私はもう少し踏み込む。

「つまり、お母さんが『あんたは私のものを盗る』っていうふうになったのは、初期のうちだけなんだね」

「そうですね。私が一人で生ききれない、社会に出れない高校生とか大学生の間には、とにかくそれを弱みのように突きつけて、あんたが生きてられるのは私のおかげなんだからっていう、それがあるからたぶん言えてたんですけど、逆に私が家を出ちゃってから、家事やってくれる人もいなくなり、自分が稼ぐ力もないとなったら、いまの旦那（義父）から逃げられないというか、逃げるってこともないと思うんで。じゃあそのまま いく以上は、お互い何もなかったことにしようねっていう……」

「そういうカタチになってるわけね」

「たぶん。暗黙の了解で」

久々の彼女に尋ねたいことはまだまだある。基本的な事項を確認しようと考えた私は口を開く。

「あのさあ、さっき学生を辞めたって話してたけど、大学はいつ頃辞めたの？ ていうか、休学はいつまでしてたの？」

「いわゆる大学三年生の間が、まるまる休学だったんで。休学期間が切れてからそのまま……。辞めるってときに、一応それは大学にも相談してて、母親に連絡されるといろいろあったから困るって話してたんですね。ハンコ貰いに行くのすら怖かったんで。それで、私がもともと鬱で、診断書とかを出してたし、親は親で、休学うんぬんの話し合いにも来ないっていう、問題のある家庭だというのは向こうもわかってたんです。で、もし私がいいんだったら、親に連絡しないで、学費未納ってカタチで除籍にしてあげるって言ってくれて……。だから除籍通知を私のところにだけ送ってもらうようにしたんです。だからなんかあって復学するときは、その記録が残ってるから戻れるからねって言ってくれて……」

「そうなんだ。いい学校だったわけね」

「そうなんです」

「ちなみに、学校を辞めちゃおうと思ったのは、どういう理由で？」

「いやなんかもう、母親と実の父親の板挟みになってて……」

その話は初耳だった。どういうことだろう。

「離婚したときに、養育費と学費は父親が払うってなってて、完全に父親が払ってたのに、母親が払ってもらってないって言い始めたんですよ。そんときは私も事実を知らなかったんで、父親に『ママがそう言ってるけど、振り込んでんの？』って言ったら、『またそうやって俺が払ってないように言う』、みたいな。もう、毎日毎日そんなやり取りがあって、お互い直《じか》に話さないで私を挟むんで、そんなんだったらもう大学行かねえよ、みたいな感じになっちゃって……」

「ああ、そういうことだったんだ」

「なんか大学行ったらその会話を思い出すし、毎日毎日それで喧嘩されて、勉強にも身が入んないし……。まあ、行きたかった大学でやりたいことや、やりたかった仕事もできてるんで、ここは辞めることにして、どうしても将来必要だと思ったら、自分で行けばいいやって」

　家族というものは個の支えになるだけでなく、ときには個を崩しにかかる負の側面も持っているのだと、翻弄されたリカの言葉に思う。やはり彼女は距離を置くことができて、よかったのだ。そして彼女にとって、家族ではないが、支えとなっている同性の存在が頭に浮かんだ。

「そういえばさあ、アヤメちゃんが今年、彼氏と別れたじゃない。そんときに、かなり落ち込んでた、と。そこでリカちゃんに連絡を入れたら、すぐにやって来てくれた、という話をしてて……」

「てか、そもそも私が別れさせたんですよ。相談はずっと受けてて、『もう別れたほうがいいのかなあ』みたいなことを言ってて、過去に何回もあったんですけど、そもそももう、価値観の根底の差が露呈してたんで、一回別れなよって言ってて……。さすがにあいつの彼氏の行動はねえだろうって、私の彼氏に『男としてどう思う？』っていう聞き方をしたら、同性としてもそれはないって言われて……」

リカはこちらが成り行きを知っているとの前提で話を始めた。意味がわからない私は、

「えっ、それはどういう行動について？」と問い直す。

「なんかもう、連絡しないし、全然……。元カノと二人で飲みに行ってたんですよ。で、後日、（アヤメが）『ゴールデンウィークなにしてたの？』って話をしたら、『元カノと飲みに行ってた』って言われて、『なんで言わないの？』って当然言うじゃないですか。そうしたら、『言ったら嫌がるのわかってたから』って。もう、嫌がるのわかってるなら飲みに行かなければいいじゃんって話で、嫌がるのがわかっててても自分の欲望に勝てない男だっていうのが、それでわかっちゃったんですよ。やっぱ友だちとしては傷ついて欲しくないし、好きなのかどうかわかんないってなってたんで、一回離れてみればいいじゃんって。それでほんとにお互い絶対好きだったら、もう一回戻るからって」

私は「うん、うん、うん」と相槌《あいづち》ばかりを繰り返す。

「しかも、『あなたにとって恋人ってなんなの？』ってアヤメが彼氏に聞いたら、『友だちの延長線上』って言われたらしくて、でもなんかまあ、うちらは、友だちの延長線上ってどこまでいっても親友でしかないじゃんっていう……。逆に仲のいい友だちだったらセックスできるっていうことだよねっていう結論に至って、しかもそういう考えである以上は、結婚うんぬんとかも無理だし、価値観がその段階で違うよねって話をしてて、

じゃあ別れるわってなり、なんかあったら話聞くよって流れで（会った）、ということだったんで……」

「ああ、そっかそっか。それで一応、前から相談も受けてたし……」

「ちょくちょく、会ってたんですよね。それでアヤメの元カレが、（ツイッターの）DM（ダイレクトメッセージ）で女の子に連絡取って、ちょっかい出そうとしてたとか……。まあ、必要最低限の連絡も『別に一緒に暮らしてないんだから、いらなくない？』っていうようなタイプなんですよ。で、アヤメはほんとは連絡欲しいタイプなんで、そこでもやっぱ価値観が違うっていうのをずーっと言ってて、でもまあ付き合って長いから、『情があるから別れられないのか、ほんとに好きだから別れられないのか、もうわからない』って、ずーっと相談受けてたんで。そこまでいって、これから先、二年、三年と付き合って、ほんとに結婚してダメでしたって傷が深くなるんだったら、一回離れてみるのも手なんじゃないのって話を私が言ってて……」

リカの言葉が止まらない。まるで事前に下読みをしていたかのように、淀《よど》みなく次々と言葉が湧いてくる。そこで私は質問を挟んだ。

「そういうカタチで、リカちゃんはアヤメちゃんに対して親身になってるじゃん。リカちゃんにとってアヤメちゃんってどういう存在なのかな？」

「まあ同志っていうか、相棒ですね。たぶんお互いババアになっても、一緒にいると思います」

「お互いババアになっても、か。ふふふ」

確信に溢《あふ》れた声色があまりに甘酸っぱくて嬉しく、思わず復唱し、笑みを漏らす。

「うん、うん。なんだろう、なにかがなくても、ぱっと連絡が来れば会える存在だし、お互いなにも隠さないんで……。で、なんか言ったときに、その言葉にしない部分まで全部くみ取ってくれる存在なんですよ」

「信頼した人にしか言えないことが言い合える間柄ってことだよね」

「そうですね。まあ仕事のこともそうだし、恋愛のことも家庭のこともそうだけどっていうのがあって、お互い必要以上には干渉しないんですよね。じゃあ毎日毎日ずーっとラインで連絡取ってるかっていうとそうでもなくて、久しぶり〜って、数カ月ぶりに連絡しても全然、どうした〜、なんかあった〜って感じで済ませるんで、まあたぶん、世間で言う親友ってレベルではないとは、私は一方的に勝手に思っていて、はははは」

「それはなに、世間の親友というレベルよりも上ってことだよね」

「なーんかやっぱり、軽々しく親友親友って言ってる子たちに……」

「軽々しく言われたくない？」

「そうですね。人生について考えてるときには、絶対に相談する相手かなって」

私は彼女たちがこれまでにくぐり抜けてきた修羅場を知っている。そういう意味で、互いの心の生死を共にしたリカとアヤメは〝戦友〟だといえる。そしてそんな二人がいま、愛や恋に悩み、心を燃え上がらせたりしている。まさに生きていればこその世界だ。

「聞いてて思うけど、リカちゃんもアヤメちゃんも純愛派というか、一人をずっと思い続けるタイプなんだね」

「うーん、ですねえ。私、なんかもう、ケジメはつけようぜっていうのがあるんでぇ」

「ただでも、前のホストさんのときはキープがあったじゃん」

思わず突っ込んでしまう。

「かもしんない。ふふふ」

「まあ、過去は過去でね。それはね」

「過去は過去で、なんか遊んでる遊んでるって自分で言ってるときなら、全然いいんですよ、はははは……」

そろそろ三十分を超える電話取材の詰めに入ろうと考えた私は、改めて彼女に聞く。

「リカちゃん自身は、結婚ということに関してはどうするつもりなの？　さっき話してた事実婚というのもあるだろうけど」

「もともと籍入れるまで付き合っていようと思ってたんですけど、まあでも家計のこともあるし、私も早く水商売上がりたいし。だったら事実婚でもなんでもしとけば、いま（旦那さんが）バイト行ってる映像会社に就職することが決まってて、その会社が、家族手当も住宅手当も事実婚で出してあげるって言ってくれたんで……。住民票の世帯をまとめて、続柄を同居人じゃなくて〝妻（未届）〟に変えちゃえば、それが公的な証明書にはなるから、それで家族手当と、あと社会保障の扶養には入れるって。だったらいいかもねって話をしてて……」

「それだったら、いっそのこと入籍しちゃえばいいんじゃないの？」

「向こうが、いまは私に養ってもらってるからってのがあって、結婚するときにはやっぱり自分が、贅沢《ぜいたく》はできなくても、最低限の生活費を払えるようになってからにしたいって。ケジメとしてそうしたいって人だから、まあまあ、そこは任せようかなって。私は別にいつでもいいけど、ただ子供が欲しいって言ってたんで、子供を産むことを考えたら、結婚してすぐ産むのもやだし、高齢出産になるのもやなんで、だから二十五、六までには結婚したいねって話を、私がしてて……」

「彼が子供を欲しがってるの？」

「そうなんですよ。男の子も女の子も欲しいって。大学行かせるって考えたら二十二年間でしょ。私還暦になっても子育てする気はないから、二十八くらいで産みたいよって言ってて。でも二十八になって二十八のうちに産みますってのは嫌だからって。結婚してあれもしなきゃ、これもしなきゃ、子供も産まなきゃってのじゃなくて、入籍して一、二年間は子供を作らない期間があって、というのを考えて、プランを練ってくださいって言ってますね」

「彼の生活が安定したら、リカちゃんはキャバを辞めるつもりなんだ」

「そうですね。ていうか来年就職して、手取りが実際貰ってみないとどれくらいになるのかわかんないんで、一、二カ月はとりあえず様子を見て、私がパートをすれば大丈夫とか、家でコツコツ仕事してればいいやくらいであれば、別にすぐ辞めちゃってもいいかなって思ってますね」

「もうキャバに対しての未練はないわけね」

「まったくないですね。むしろ早く辞めたいくらい。他の男の人と話すのが面倒臭いくらいですから」

「二年前はあんなに面白い仕事はないって言ってたのに？」

「そうなんです。私もびっくりしちゃいます。だって、将来は店持ちたいくらいまで思ってたんで……」

「それが時間で変わるんだねえ」

「変わりますねえ〜。でも、いままでの人生で別人です、たぶんいま」

そういう別人ならば大歓迎だと思った。いくらでも上書きしてしまえばいいのだ。そして思い出したくないことは雲散霧消させてしまえ。自分のための人生で、わざわざ苦悩を奥から引っ張り出してくる必要など、ない。

礼を言って通話を切ると、すぐにラインの着信を知らせる電子音が鳴った。

「最近の外見がどうなってるのか知りたいんで、ラインで自撮りの写真を送ってもらえないかなあ」

「あ、わかりました。はーい」

との、最後のやり取りへの反応だ。やはり彼女はすこぶる行動が早い。

一枚目の写真でまず噴き出した。それは彼とのツーショットではあるが、スマホ用のアプリを使い、ふたりの頭にはウサギの耳がつけられ、目には丸眼鏡、鼻の頭にハートマークの加工が施されたものだったのだ。

ははっ、またふざけた写真を……。

が、すぐに二枚目の写真が追加された。どこかに旅行したときのものだろう。彼と両親や兄弟の家族写真。そこで、彼のお母さんの隣に寄り添うように、髪が途中で金髪から地毛に変わりつつあるリカが、健やかな笑顔をこちらに向けて、ピースサインを送っていた。

# 第五章　セックスレスの人妻・ハルカ

これまで続けてきた風俗嬢のインタビュー取材は、いつも店を通じて女の子を紹介してもらっていた。

まずはこちらの媒体名を伝え、その媒体なら女の子を出しても構わないという店が、取り上げてもらいたい女の子を用意する。そして決められた時間内で、先方の指定する場所を使って撮影やインタビューを行う。もちろん、そうした便宜を図ってもらうためには、店名や電話番号といった、店にとってメリットとなる情報を掲載することが、最低限の条件となる。

ちなみに女の子の選定について、取材する側に選択肢はほとんどない。事前に人妻やOL、もしくは学生といった条件をつけることはあるが、あってもそれくらいで、店側が用意した女性を粛々と取材する。

なお、店が取材に抵抗を示す女の子を、無理やり登場させるということはない。とくに彼女が人気者であればあるほど、女の子の意向は尊重される。媒体に登場することは、自身の宣伝にはなるが、周囲に隠している風俗での仕事が発覚してしまうリスクも伴う。彼女たちに辞められたくない店にとって、優先すべきは宣伝してくれる媒体ではなく、所属する（人気者の）女の子なのである。

そのため、という言葉を使ってもいいか悩ましいところだが、ときには取材する側が、みずからの媒体に登場させることを躊躇してしまうような、容姿に難ありの女の子が連続して送り込まれることも、ままある。

そういう場合、こちらもプロである以上、何割増しかになるよう写真を撮る。たとえば二重あごでお腹がすごく出ている場合は、見上げるように顔を斜め上に向かせ、両腕を胸の下で組ませて、上方から撮影する。これによって、あごの線がすっきり見え、お腹の膨らみが隠せるのだ。まあ、若い子のスマホでの〝自撮り〟の要領といってしまえばわかりやすい。そんなことを昔からやってきた。

なぜここまで長い前置きをしたかというと、今回登場するハルカは、風俗嬢取材の現場では珍しい〝きれいな女の子〟だったからだ。なお、念のため補足しておくと、この場で〝女の子〟という言葉を使ってはいるが、彼女は人妻であり熟女である。

ハルカと最初に出会ったのは三年前の冬のことだった。取材場所に指定されたラブホテルの部屋の扉を開けて彼女が姿を現したとき、へえっ、と驚いた。色白の肌にストレートの黒髪、奥二重の瞳にきりりとした眉毛という和風の顔立ちに、なんともいえない清涼感があったのだ。おまけにクリーム色のコートの下に着ている、白地のブラウスにスカートという服装も雰囲気と合っていた。

長年、風俗嬢をインタビューする仕事を続けていると、たとえどんなに美しい顔立ちの女性であっても、どこかで微妙な〝崩れ〟が見えるものだ。それは表情そのものに表れることもあれば、化粧だったり、顔立ちと服装のバランスの悪さに表れたりすることもあるのだが、ハルカにはそれが感じられない。

「よろしくお願いします」

やや低めの声の、明瞭な発声での挨拶も好感が持てる。生保のセールスレディのような営業職をやれば、高い成績を上げられるのではないか、などと頭をよぎった。

すぐに取材に取りかかるが、年齢や身長、スリーサイズといった基本データは、実際がどうであれ、店のホームページに掲載されたものを使用することになっている。そこでのハルカの年齢は三十九歳。あくまで風俗店にとっての〝宣伝〟となる取材であるため、こちらも実年齢を尋ねることはしない。身長は百六十センチ、スリーサイズは上から八十八、六十、八十八。とはいえ、彼女に至っては、それらが〝サバ読み〟や〝盛り〟とは感じさせない数値だった。

この取材では、人妻の場合は夫の職業（業種）を尋ねることになっていた。それについては一旦、本当のことを教えてもらい、事実を掲載すると都合が悪い場合は、なににするか一緒に考えることにしている。私からの説明を受けたハルカは口を開く。

「本当は飲食店を経営してるんですけど、さすがにそのままはマズイので、自動車のディーラーってことにしてもらっていいですか。それだったらお客さんに対応できますんで……」

こちらに異論はない。「じゃあ、自動車ディーラーね」と取材ノートに書き込む。

次にいつからこの仕事を始めたのか聞いた。

「この仕事自体は前からやってて、別の店にいたんですね……」

「そっか。じゃあ、いまの店に入ったのはいつだった？」

風俗記事においては、女の子の経験が長いことよりも、月日が浅く初々しいほうが好まれる。そのため、実際にこの仕事を始めて間もない場合は、「×月から風俗の仕事を始めた」とするが、そうでない場合は「×月にこの店に入った」と表記していた。そこに入店の動機を加えて、ハルカの場合は次の文章になった。

〈「この店に入ったのは8月からです。お小遣い稼ぎがしたいというのと、エッチが好きなのにセックスレスなので、やってみることにしました」

さすがに最初は戸惑いもあったそうだが、初日からプレイで気持ちよくなることができたという〉

私の問いかけに対して、彼女の口から「セックスレス」という単語が出たとき、「なんかきっかけがあったの？」と聞いている。

「そうなんですよ。前にダンナから誘われたときに、本当に疲れてたんですね。で、断ったことが二回くらいあったんですけど、そうしたら向こうから誘ってくることがなくなって……。あと、こっちから迫っても『もういいから』ってなっちゃったんですよね」

取材中のハルカは明るい。このときも深刻に語るわけではなく、もう、こんなことになってるんですよ、と笑いを交えながら話している。もともと陽性の性格だということが窺《うかが》えた。花にたとえると、ユリのイメージなのだが、ユリはユリでもカサブランカなのだ。

〈風俗の仕事はいつまで続けるつもりだろうか。

「とくに時期は決めていません。嫌いな仕事じゃないし、2年くらいは続けちゃうか

も」〉

記事の文末をこのようにして閉じたハルカとは、その後二年の間に、三回にわたって同じ媒体の取材で会っている。これらのうち最後の取材は、同じグループが経営する、別の店の別の名前の女の子として取り上げており、まったくの〝別人〟となっての登場だった。

とはいえ、さすがにこう何度も顔を合わすと、互いに親しみも増す。その他のインタビュー取材などにも協力してもらうため、連絡先を交換し、やがてSNSも相互フォローをするようになっていた。

じつはこれは異例のことだ。風俗嬢、それも人妻である場合、実生活について触れる可能性のあるSNSを明かすことは、多大なるリスクを伴う。だが彼女はあけっぴろげだった。そのため私は、ハルカの本名を知っていることに留まらず、彼女が夫と旅行に行ったときの写真を見ているし、さらには〝昼職〟として携わっているという、セラピストとしての活動についても見聞している。また一方で、風俗店での取材の折には、毎回服を脱いでもらい、記事用の写真を撮影してきた。

私生活や衣服の内側。これだけ彼女の赤裸々な部分を把握しているにもかかわらず、まだまだ知らない部分があるだろうから、そこも見てみたい。そんな軽い気持ちでのオファーだった。それに対する彼女のラインでの反応は、〈ＯＫです！〉という、これまた非常に軽いものだった。

当日、渋谷で待ち合わせた我々は、近くのカラオケボックスへと向かう。

クリーム色のコートを着たハルカは、その下にグレーの柔らかそうな生地のインナーに白い膝上スカートと、やはりフェミニンな服装だ。

この日、彼女と会うのは十カ月ぶりだったが、とくに変化は感じない。なんというか、久しぶり感がないのだ。旧知の友人に会ったような、落ち着いた雰囲気である。

「ところでさあ、ハルカさんって何年生まれなんだっけ？」

部屋に入ってテーブル越しに向き合うと、すぐに彼女の実年齢に繋がる質問をした。

「えーっ、いきなりそれ？　生まれたのは（一九）七四年」

「ということは、いま四十五ってことだよね」

「そうそう。ははは」

ハルカは笑いながら頷く。

つまり最初に取材したときは四十二歳だったことになる。正直いって、まったくそのようには見えない。現在でも三十代後半で通じる外見だ。私は素直に思ったままを口にした。彼女もそう言われて、「またまたぁ」と口にしつつ、満更でもない表情を見せる。

「家族って両親のほかに兄弟は？」

「九歳下の弟が一人」

「お父さんの職業って？」

「建設業。主に設計とかをやってて、たとえば××とか……」

　そこで彼女は、とある地域の火力発電所の名を挙げた。そのことから、大手建設会社に勤務していることがわかる。

「お母さんは？」

「母はいまはパートですね。昔は生保レディとか食べ物屋さんで働いたりとか……。うち、両親がなんか家にいなかったんですよ。両方働きに出てるから。あと、父の仕事の関係で引っ越しもけっこうあったので、まわりに知ってる人がいないところに住むと、私は家で一人で過ごしてることが多かったですね。弟が生まれてからしばらくは、さすがに母は家にいたけど、父はずっと家にいなかった。それこそ土・日もいない。はは は……」

「それはつまり、お父さんの仕事が忙しすぎるとか、そういうわけじゃなくて、ご両親の夫婦仲が悪かったってこと？」

「仲は良くなかったですね。子供ながらに仮面夫婦だなと思ってて……。いまは別居してます。まあ、籍は抜いてないんだけど」

　中学時代のハルカは、与えられていた自分の部屋に籠っては、絵を描いたり、少女漫画を読んだりして過ごしていたという。

「漫画家になりたいと思ってましたね。もしくはケーキ屋さんとか」

「恋愛とかは？」

「学校で好きな子はいるけど、とくになんらかの行動に移すわけではないっていうか。まあ、奥手でしたね」

関東地方の某県に住んでいた彼女は、県立高校の商業科に進学する。

「女子が多い学校で、女子クラスもありました。でも私は、三年間共学クラス。なんか女子クラスは嫌だったので、選択科目を共学クラスになるよう選んでました」

異性に対する興味はあったというが、高校時代は飲食系のバイトばかりしていたそうだ。それには家庭内の事情が関係していたという。

「あまりお小遣いを貰ってなかったんです。まあこれは後日談として母から聞いたんですけど、父は給料がすごく良かったらしいんですけど、たぶん外に女がいて、カードの請求がすごく来てたって。それでうちにはいつもおカネがない状態で、私自身、金銭面では我慢したことが多かったと思う」

大学進学も、家の経済的なことが理由で断念したと語る。

「美術系の大学に行きたかったんですけど、ああ、うちは無理だなって……。それで就職して、みたいな……」

「高校時代に恋愛とかはなかったの？」

「……あった！」

急に記憶が喚起されたのか、やや大きな声を上げた。

「三年のときに年下の子を好きになって、あ、向こうは一学年下です。で、告ったんですよ。そしたらＯＫを貰って、お付き合いをすることになりましたね」

「初キスは？」

当然その彼が相手だと思った私は尋ねる。

「十八。でもその彼じゃないの。彼とはプラトニックなの。年下なんで、私から手を繋ぐとかしてたから……」

「つまり、年下である向こうからは言い出せなかった、と」

「そうなの」

「キスやセックスは高校を卒業してから？」

「そう」

高校を卒業したハルカが職業として選んだのは、東京でのバスガイドだった。その話を聞き、なるほどと思った。たしかに彼女の明るい雰囲気でバスガイドというのも、想像できなくはない。

「とにかく東京に住みたかったというのと、家を出たかったの。それで、住み込みという条件で仕事を探したのね。いくつかあったなかで、楽しそうだと思えたのがそれだったから……」

　ハルカは都内のバス会社の寮に入った。二人で一部屋という生活だ。初キスが十八歳と聞いている私は、その状況を知りたくて、「で、初めてはどういう相手とだったわけ？」と聞く。

「いやあ、最初にキスとエッチをした人って、行きずりだったんだよねえ～」

　ややバツの悪そうな顔で彼女は答える。

「会社に入って一、二カ月くらいのときでしたね。地元に帰って高校時代の友だちと盛り場に行ったのね。そこでナンパされて、最初は二対二だったのが、いつの間にか一対一になってたの。それでなんか向こうが迫ってきて、向こうの家で……」

「え、なにやってる人？」

「なにやってる人かもわかんない。やーだー、もぉーっ。向こうが歳《とし》は上だった。それしか知らない」

　いやいや、「やーだー、もぉーっ」って言われても……。胸の内でそう思う。そして聞く。

「やっちゃおうと思ったのはなんで？」

「ええっ、興味があったんだよーっ」

ややを赤くして言う。こういうとき、周囲を気にせずに済むカラオケボックスは便利だ。私はストレートに質問する。

「自分の性欲っていつ頃感じ始めたの？」

「高校生くらいかなあ。オナニーもそうだし……。それですごい興味があったの」

「でも、初エッチって良くはないでしょ？」

「ああっ、全然、全然。まったく楽しめてない。なんかすごく妄想が膨らんでたから、すごいあっけないというか、感動はない」

我が意を得たりというのか、ハルカは〝激しく同意〟した。だが、その初体験からしばらくは、好奇心の赴くまま行動していたようだ。彼女は切り出す。

「それから〜、地元で一緒に遊びに出る子がワンナイトラブをわりとやる子で、ワンナイトラブとか、ちょっと続いたりとか……」

友だちのせいにしているが、彼女自身もそういう生活を繰り返していたということ。門限が午後十時の寮では、それまでに帰らない場合は外泊届を出さないといけなかったが、毎週のように外泊していたらしい。

「そうしたら寮母さんから、『××さんは寮にいたくないんですか？』って言われちゃって……。あ、××って私の旧姓ですね。で、このままだったら寮を出てもらうことになる、みたいになって、ヤバイ、それはマズイって、節制することにしたの。それで地元に帰らなくなって、今度はこっちで同期の友だちと飲みに行ったり、あと、合コンがあったりとか……」

つまりは遊び場所が変わっただけだと思ったが、それは口にしない。

「ただ、合コンではあまりワンナイトラブはなかったですね。付き合ってと言われたりしたけど、『それはちょっと……』って断ったりとか。性的な魅力を感じない人ばっかりで、そういう人が続いたかな」

「どういう人がいいわけ？」

「そのときはねえ、いま思えば、ちょっと危険な感じがする人に惹かれてたかも」

やがてハルカはバスガイド仲間のなかで、一期上の先輩たちと遊ぶようになる。そこで彼女たちとともに、ホストクラブに出入りするようになったという。私が「初めて経験したホストクラブはどうだった？」と尋ねると、「いやあ、最初は引きましたね」と笑う。

「危険な香りがする人が好きなのに、あそこまでギラギラしてる人たちは嫌だ、みたいな……」

だがのちに、そんなホストの一人と付き合うようになったというのだから、人生はわからない。

「店に行ったら、入れ替わり立ち替わりホストがやって来るわけですよ。そのなかで、遊びに行こうよって、言い寄ってくる人がいたんですね。それで二対二ですよ。友だちと一緒にカラオケとかにアフターで行って、連絡先を交換したら、電話がかかってきて、今度二人で遊びに行こうって。でもすっごい断ってたのね。いやあ、チャラいとか思って。じゃあまた二対二でって言われて、それならいいよってことを繰り返してたんです。で、なんとなく悪い人じゃないってわかったから、じゃあ一対一でいいよって、会うようになって、付き合うようになって……」

「相手はいくつくらい？」

「五歳上かな。私がガイド一年目の終わりから二年目にかけての時期だったから、十九のときですね」

「どうして彼とは深くなったの？」

「ああ、やっぱりねえ〜、エッチしてからかな。あははは……」

そこまで聞いた私が心配したのは、ホストクラブでの支払いについて。テレビなどの影響で、女の子に何十万とか何百万円を遣わせるのではないかとの先入観があったのだ。だがハルカは軽く否定する。

「いやいや、そもそも店に来てくれとかはほとんど言われなかったんで。それで店に行っても、支払いは一万円ちょっとくらいだったし……」

ちなみに、当時の彼女の月給は、手取りで二十二、三万円くらいあったそうだ。

「バスガイドって基本給に加えて、距離が長くなると追加があったり、一緒に写る写真代とか、チップだとかがあって、そのくらいにはなってましたね。だから、遊びに出ても余裕があったの」

二十歳前にそれだけの収入があれば、未成年での飲酒の問題はさておき、先輩たちと遊び歩くという行動も頷ける。

「で、会いたいから彼の店に行くじゃないですか。それでいつも一万円ちょっとなんで、逆に気になって、自分からなんか頼んだほうがいいかなって聞いたことあるんですね。そうしたら、『いや、お前はいいから』って言われてて……」

じつはここで押さずに引くのは、ホストの常套《じょうとう》手段なのだが、当然ながら若い彼女は気づかない。それどころか、自分だけは特別な存在なのだと、彼に対する気持ちはますます高まっていく。やがて、ホスト仲間と部屋をシェアしていた彼から、別の場所で一緒に住むことを提案されたハルカは、彼との同棲を機に、バスガイドを辞めることにした。仕事に就いて一年半を経たときのことだ。目の前のハルカは遠い過去を振り返る。

「しばらく仕事に就かず、求人誌を見てたんですね。そしたら彼に言われたんだよなぁ～。『風俗で働いてみない？』って。当時の私って、風俗ってなにをやるのか知らなかったんですよね。『なにそれ？』って。それで彼のホストの先輩の彼女さんがソープ嬢で、その人が業界を知ってるから、いい店を見つけてくれるからってなって……。それで本番のないヘルスにしようって……」

「そのときって、どういう気持ち？」

「わかんない。なにがなんだかわかんなくてぇ、そこでなにをやればいいのかもわかんなくてぇ」

「だけど、勤めたらわかるじゃん。知らない人とのエッチがあるわけだから……」

「最初はワァ～って感じで、でも、無我夢中で、なんか、最初の店では口頭で仕事内容を説明されただけだったんですね。で、ええっ！　と思って……」

新宿にある店舗型のヘルスだったという。当然ながら、本番行為を除く、肉体を使った裸での接客がある店だ。私はさらに追及する。

「そのとき、なんで辞めたり、逃げようとはしなかったの？」

「なんかね、ほら、日払いでおカネくれるじゃないですか。それがすごい、何万とかくれるから、えっ！　とびっくりしちゃって……。だって、そうすれば彼のところにも行けるじゃないですか。だからそのまま働いて、辞めなかったんだよね」

本人にとっては〝愛する彼のため〟という意識の、疑問を挟む余地のない行動だったのである。

「でもさ、ふつう自分が付き合ってる相手にそれって、おかしいんじゃないのって思ったりしなかった？」

「する～」

「でも当時は、そうじゃなかったんだ」

「全然そうじゃなかった。なんでだろう～。なにも考えずに呑《の》み込んでた。ははは っ」

半ば織り込み済みの回答だった。そういうこともあり得る、ということは私もこれまでの取材経験上知っている。

「ちなみにハルカさん、その時点での男性経験ってどれくらい？」

「全然少なかった。十人いないくらいですよ」

「ちゃんと付き合ったのは彼が初めて？」

「ちゃんと、はそうですね。付き合うのはちょこちょこあったけど、ほんと短かったから」

「当時、エッチでイクっていうことは経験してた？」

「エッチではイケてなかった。でも、すごく興味はあったんです。彼とするのは好きだったし、彼としてから、自分からもしたいことを言ってもいいんだって知って、それからはもういろいろ知ってみたかったし、セックスでイクは知らなかったけど、どんな感じなんだろうって、興味があった」

「イケるなら彼以外でもよかった？」

「いやいやいや、そのときは彼に一途《いちず》だったし、彼以外は絶対にイヤだった」

「だけど、彼の店に行くためには仕方ない、と」

「そう。で、働いてた……」

たぶん、この心理について尋ねると、男性の多くは理解できない。だが、女性ならば半数以上が理解できると答えることだろう。それほどに〝性差〟で理解が分かれる行動だと思う。

「当時、稼ぎってどれくらいだったの？」

「あのときは、じつは月にマックス二百（万円）いったことがある」

「そのときは二十一、二歳だよねえ」

「そう。で、若いから働けたしね。週五とか。だいたい遅番で午後五時から十二時まで働いてた」

「店が終わって、彼の店に行くのは増えた？」

「増えた増えた」

「遣うおカネも増えた？」

「そのときで一回あたり三万円くらい」

「なにか自分のなかで意識は変わった？」

「ホストに行ってもおカネがあるから、なにかもっと高いボトル入れたいなって欲が出てきちゃって……。でもそれを彼とか私たちのことを知ってる後輩が必死に止めるの。

たとえば彼のお誕生日とかは五万円くらいの高いのを入れたけど、他の女の人はもっと高いのを入れるのね。で、私も入れられるのにって思いながら……ははは」

「そんなに高いボトルを入れたくなるんだ」

「喜ばせたいって思ってて。で、それが喜ぶことだと思ってたの。勘違いしちゃって」

家で彼と同棲しているにもかかわらず、店に行くとそういう気持ちになってしまう。まさにホストクラブあるあるだ。

「家で彼とセックスはしてた？」

「えーっ、してたよ。ふつうにしてた。いや、けっこう多かった。ははは……」

「で、彼とのセックスと、その後の店でのプレイは全然違うんでしょ」

「別物。こっちがあるから、そっちは事務的に。こっちが満たされてるから、そっちでも働ける、みたいな。ほんとに、こっちに集中してたから、そっち……店は、ほんとにおカネを貰うためでしかなかった」

ここで私は、風俗での仕事を始めたハルカの周辺について話題を向ける。

「その時期って、実家とはどういう付き合いで、なんと説明してたの？」

「実家にはたまに帰ってましたよ。でも、仕事については派遣の仕事をしてるって説明してました」

「罪悪感とかってあった？」

「ちょっとはあったんだけど、あんまりなんか……麻痺《まひ》してましたね。ただ、元からの友だちとかに、仕事のことで嘘をつくのはキツかったかな。それに、彼氏がホストっていうのも、なかなか言えなかった。一緒にホストクラブに行ってた先輩とか、そのまわりの友だちは、彼氏がホストというのは知ってて、ホストだけど、彼はちゃんとしてるよねって思ってくれてたみたい……」

「風俗での仕事については？」

「それは言えなかった。さすがにそれは無理。でも、わかってたんじゃないかなあ〜。そのとき私、お客さんにロレックスを貰ったんですよ。バブルな時代だから。で、それをしたくてしょうがなくて、しちゃってたから……。派遣の給料とかで買えるわけないから、なんかおかしいとは思ったと思う」

　ハルカは初めて飛び込んだヘルスで二年間働き、そこで一旦退いたという。その理由は……。

「えっとねえ、体力的にキツかったんだよね。いやもう、これは耐えられないなと思って……。なんか、お客さんを相手にするのがイヤだってのが、本当にごまかしきれなくて……。本当にイヤだってのが顔や態度に出始めちゃってたから、ちょっとマズイなと思って、上がることにしたんです」

　やはり望まない風俗での仕事は、見えないところで彼女の心身への負担となっていたのである。だが、若いというのは回復も早い。元気を取り戻した彼女は次の行動に出る。

「店を辞めて、三カ月くらい休んでたんですね。けど、収入がないと彼のお店に行けないじゃんって。彼は家には帰ってくるけど、もうちょっと一緒にいたいから。それで、ちょっと稼ぎたいなと思って、自分から彼に言ったの。『ちょっと私、吉原《よしわら》に行ってみようと思う』って……」

ここでいう「吉原」とはソープランド街であり、「吉原に行く」とは、建前上やっていないことになっている、本番行為のあるソープランドで働くことを意味する。

「彼はなんかちょっと難しい顔をしてたんだけど、私がそんなに言うならってことで、前の店を紹介してもらった先輩の彼女さんに、素人でも厳しくないところを選んでもらうよって。で、チョイスしてもらって、面接を受けて、行ったの」

ハルカ、二十四歳のときのことである。

「吉原はどうだった？」

「えーと、覚えることがいっぱいあって、講習が一日あったのかな」

「ヘルスと違って本番があったわけでしょ。それはどう受け入れたの？」

「それは……なんかおカネ。もう、おカネ、おカネ、おカネだった。ははははは……」

その笑いで、いかに金銭目的で割り切っていたかが伝わる。

「一日でどれくらいになったの？」

「マックスで二十万くらい」

「週に何日くらい出てたの？」

「三、四日かなあ」

「てことは、月に三百万円くらいになったりするんだ」

「いっちゃう、いっちゃう」

それで金銭感覚がおかしくならないほうがおかしい、とすら思ってしまう。だから私は思いついたことをストレートに口にする。

「でもさ、だんだんホストに行くためにやってるのか、やってるからホストに行くのか、わかんなくなるんじゃない？」

「そうなのよ～。なんかぁ、そのときは気づかなくて。でもやっぱりねえ、キツかったんですよ。やることがやることなんで、精神的にキツくて、もうやだ、みたいな。最後のあたりは仮病を使って休むことも多くて、一年もいなかった」

「で、辞めてどうしたの？」

「辞めて一年くらいは仕事しなかった。けっこうそのときに膀胱炎《ぼうこうえん》になったりしたんで、体を休めようと、一年くらいゆっくりしたの」

「貯金ってどれくらいあった？」

「それが私、彼に預けてたの。全部」

「え、ええ〜っ。すごいな」

「すごいの。一千万円は余裕であったと思う。家に帰ってだいたい渡して、貯金してもらってたから」

「自分の服とか買ったりはしなかったの？」

「それはした。カードで払って、精算してもらってた」

「結局、どれくらい散財した？」

「まず彼が車を買ったのね。ＢＭＷ。あと、そのときのマンションの家賃が十五万円だったけど、それを払ってたでしょ……」

「彼のホストの売り上げは？」

「売り上げ、どうだったんだろう。全然聞いてない。でも、ホストをやる前に建設関係の親方をやってて、給料を払う側だったから借金があったみたいよ」

この段階になって、彼のことについて、あまり聞いていなかったことに気づいた。

「彼って、外見はどんな感じ？」

「顔濃かったなあ。羽賀研二くらい濃い感じだった」

「うわぁ、その名前が出てくるんだ。彼は自分のことは話してた？」

「話したし、一緒に実家に行ったこともあるよ。沖縄の人なのね。嬉しかったことは、親戚が集まるとこに一緒に行って紹介してもらったこと。そのときは実家におカネを持って行ったの」

もちろん、原資はハルカが体を張って稼いだおカネだろう。だが、そういうときは、まわりの忠告に耳を貸さない時期だし、まわりが意見を言えば言うほど、反発する時期でもある。

「彼におカネを渡すことに、疑問はなかったんだよね」

「なかったんだよね～。いやぁこれは、と思いながら、いや信じてる、信じてるって葛藤することはあったけど、ね」

「どうして彼を好きになったのかなあ」

「イケメンはイケメンだけど、外見は正直タイプじゃなかったの。私のことを大切にしてくれるとか……。あと、一緒にいるとき私におカネを出させないとか……」

その言葉は、もはや私には〝絞り出された〟理由としか聞こえなかった。

「その時点で、自分の性ってことについて、どういうふうに捉えてた？」

「うーん……。なんか、彼とはすごいしてたんで。どうやったら良くなるか、を二人で探求してたのね。あ、こういう楽しみがあるんだ、とか、初めてオモチャを使ってみたりとか……。イクってことはわかってたけど、ただ、そのときはセックス（挿入）ではイケなかったんだよね」

やがて、二人の生活は転換点を迎える。ソープを辞めたハルカは、スタイリストの勉強をするため専門学校に通い始め、週に一、二日だけ新宿の店舗型ヘルスで働くようになった。一方で彼は、ホストクラブを上がり、六本木のバーの運営や営業の仕事に就いたのだ。

「ホストに行かなくなるから、べつにそんなに稼がなくてもいいじゃない。それで私のなかで、やりたいことのほうが勝ってきて、二人の間に距離が生まれてきたのね。そんなある日、彼からエッチを求められて、私が全然感じない、濡《ぬ》れてこないってことがあって、ああ、これはって思ったの。彼もそれを察したみたいで、距離を置くようになって……。一度は修復をしようと、とりあえず引っ越そうってなって、××（町名）に移り住んだんだけど、やっぱりダメで、一カ月くらいで彼が、『じゃあ、出ていくわ』って出ていったの。私が二十六か七のときだね」

約七年にわたる同棲生活は、こうしてあっさりと解消したのだった。私は聞く。

「前は彼のための風俗だったけど、その時期は？」

「生活のためと、自分がやりたいことのため」

「彼と別れてから、お店のお客さんとの関係に変化ってあった？」

「一回だけあったの。なんかねえ、いいなと思う人がいて、誘われて。お店ではしなかったけど、その人とは続いて、うちに来たりとかして……」

「どんな人？」

「年下。五つ下の人で、陸上自衛隊の子。一年くらい続いたかなあ。彼が途中で長崎に異動になっちゃって、私が長崎に行ったりとかしてたのね」

「彼とはどうして別れたの？」

「それは……いや、プロポーズされたんですよ。『長崎に来ない？』みたいに言われて。でも、そっちに行っても知ってる人とかいないし、若いから働かなきゃいけないでしょ。で、スタイリストの勉強を始めたばかりだし、それもなくなっちゃうんだって思ったら、ねえ……。そのときはそこまでの情熱がなかったの。で、『ごめん、行けない』でお別れしちゃった」

　やがて専門学校を卒業したハルカだが、スタイリストの世界は、その仕事内容や待遇を含めて、予想していた以上に厳しいことを思い知る。挫折した彼女がまたもや選択したのは、〝勝手知る〟風俗の世界だった。

「渋谷のイメクラで働くようになって、そのときは仲良くなった店のボーイさんが、私の部屋に転がり込んでくることとかあったんだけど、まあ、問題ありの人で……ははは。別に女がいると思ったら、もっとたくさん女がいたの。その人とは三カ月くらいかな」

　間もなく三十歳というとき、友だちの集まりで飲んでいたハルカは、自分と同じ××（町名）に住んでいる男性と知り合う。

「こんど××で偶然会ったらお茶しましょうって話してて、本当に偶然会ったのね。それで連絡先を交換して……それがいまのダンナさんとの出会い」

「そのときハルカさんはなにをやってると話してたの？」

「ふつうに派遣でバイトしてるって。事務をやってるって話してたのね。向こうは飲食店を始める前で、会社員をしてた。で、何回か会ううちにお互いの家を行き来するようになって、三、四カ月くらい経って、これだったら一緒に住んじゃったほうがよくない？　って話になって、同棲するようになったの」

「その時期って、風俗の仕事は週にどれくらい出てたの？」

「週四日くらいかなあ」

「通勤のふりをしてたわけ？」

「だからあ、もう自分から言ったのかな。わりと早めの段階で。じつはこういう仕事してる、みたいな……」

周囲を気にする必要はないにもかかわらず、ハルカは最後の部分を小声で言った。私は彼女が夫に風俗の仕事の話をしているとは知らず、素直に驚いた。

「え、言ったんだ。向こうショック受けてなかった？」

「正直、向こうもびっくりしてて……」

ハルカは苦笑する。

「受け入れてくれた？」

私の問いかけに黙って頷く。

「受け入れられて、どう思った？」

「よかったと思った」

「ハルカさんも正直に言えたし……」

「そうそうそう」

こういうとき、じつは質問者のほうがどぎまぎしてしまう。なんとも他人事《ひとごと》とは思えない心境になってしまうのだ。

「告白してから、向こうの態度に変化とかってあった？」

「態度の変化は……知ってるがゆえの、見下した言い方をされますよねえ」

「見下されるって、どういうふうに？」

「なんか、たまにね、向こうが頭にきた場合とかに、『いい歳こいてさあ』とか、『いつまでそんな仕事してんの』とか言われる」

これまで笑いの多かったハルカが、このときばかりは神妙な顔をして言う。

「いまも（風俗の仕事を）してるって知ってるの？」

「知ってる」

「てことは、同棲、結婚を含めて、それ以降は風俗から離れたことはなかったんだ」

「なんか店を変えたとかはあったけど、ないですね」

「結婚って何歳のとき？」

「三十七歳……」

「つまり七年以上同棲してたわけだよね。それがどうして結婚に踏み切ったの？」

「きっかけは、ホストの彼と同棲してたときから猫を二匹飼ってて、彼と別れてからもずっと飼い続けてたのね。その、最後の一匹が亡くなる前に介護状態だったから、二人で協力して病院に連れて行ったりとかしてて……。それで亡くなったときになんとなく、みたいな。結婚しようって言ってきたのは、向こうからかなあ。一カ月くらいしてから……」

危機を共有したことで、同じ時間を過ごした相手との、より深い結びつきを求める心理が働いたのだろう。

「ダンナさんから、結婚を機に（風俗を）辞めてくんないか、とかはなかったの？」

「なんか言ってきた。事あるごとに言ってきたかな。で、私は『う〜ん』とか言ってごまかしてた」

「答えを出さないでいたら、向こうが引っ込めるって感じ？」

「そう」

「それを言われるのは、いつ頃が多かった？」

「結婚前も、結婚後も……」

「なんで（風俗を）辞めないんだろう？」

「なんでだろう？　やっぱり根本は、イヤっ、とか思いながらも、好きなのかもしれない」

「性的なことが？」

「そうだねえ〜。なんか最近は。だから、前はさ、嫌々っていうのがあったんだけど、最近はそれが逆転してるっていうか……」

「自分からやりたい？」

「そうそう」

「それは気持ちよくなりたいってこと？」

「うんうん。あと、いまダンナさんと（セックス）レスなんですね。で……」

「それは聞いてたけど、レスになったのはいつから？」

「けっこう早くからですよ。結婚する前から、ほぼほぼレスだったの」

二人のセックスレスは、同棲期間からだったという。ここでハルカは予想もしていない言葉を口にした。

「えっと、なんかね、私、じつは、最初から、エッチに関しては、彼と付き合ってるときから、あんまり合わなかったのね、じつは……」

言葉を区切り、そのうえ「じつは」を繰り返し使っての告白だった。私は問い返す。

「やり方が？」

「やり方が。で、それが言えなくて。で、我慢してたんだけど、で、彼は彼で私を気持ちよくさせようと、あの手この手でやったりしてたんだけど、それを私も最初は楽しんでたんだけど、やっぱりこの、違くって……」

「もうちょっと具体的に……」

「あのね、早かったんです。イクのが」

「いわゆる挿入してからが？」

「そうそう。早いからぁ、あーあって。前戯もあんまりだった」

「それってたとえばね、お店とかだと、プレイは前戯がメインだから、上手な人が現れるじゃん……」

「そう。それも知っちゃったがゆえに、だと思う。最初から、その、ダンナさんとはね～。最初の頃、イヤって言ってるんです、私。こう、エッチでの来方が、私への迫り方が、ガバッていう感じだったから。ちょ、ちょっとは焦《じ》らしてよっていうのが、なんかあるじゃん。それがなかったから。私、イヤぁ、イヤぁって言ってて、で、なんかちょっと我慢する形でやってたんだよねえ～」

「なんで我慢しちゃったんだろうね」

「言えなかったし……。そのときは、こうして欲しいとか言うと、傷つけちゃうんだろうなっていうのがあったから。黙ってて……」

「お店では『こうして欲しい』って言うんでしょ？」

「言ってるし。むしろ言ったほうがいいっていうのはわかってきたのね、だんだん。でもプライベートでは言えなかった。で、どこのどういうところがイヤなのっていうのも、説明できなくて……。そこもね、レスに至った原因の一つですね」

　口調は軽いが、ハルカに先ほどまでの明るさはない。原因がはっきりわかっているから、しかもそこからの抜け出し方が見つけられないからこその、泥沼だ。もがいたり、諦めたりしながら、二人でずぶずぶと沈んでいく姿が目に浮かぶ。だがそんな彼女に向かって、私は再度同じ質問を投げかける。

「ほぼレスになったのは、同棲してどれくらい経ってから？」

「五年くらい経ってからかなあ。私がめっちゃ疲れてて、断ることが続いたじゃないですか。それで向こうが『イヤなんだろ』みたいになって、『そういうのもう一切求めないから』ってなって。で、私もなにも言えなくなっちゃって。どう説明していいのかわかんなくて、そのままにしちゃって。それから、こりゃまずいと思って、自分から迫ったりしたんだけど、あしらわれて……」

「でも、それからあとに結婚でしょ。どうしてかなあ？」

「……なんかね、私、正直ダンナと、ゴムつけないでやるというのは、抵抗があって……」

　質問した内容とはズレた答えで、しかも独白だ。だからこそ、邪魔はしたくない。

「最初から？」

「最初から。で、結婚する前くらいに、たまにやったときにそのまま（ゴムをつけないで）して来たんですね。私は中で出されるのがめっちゃイヤで、『え、ちょっと待って、出さないで』って思わず言っちゃったの。でもなんか、向こうはイッちゃって……。まず最初に、イヤぁ、子供できたらどうしよう、って思っちゃった。で、結局妊娠しなかったんですけど、ますますヤリたくないって思っちゃって……」

「けど、それから結婚したんだよねえ」

「情があったんだろうね～。本当にそれだけしかないっていう」

「結婚後にエッチってした？」

「うん、しましたよ。何回か」

「中出し？」

「された。別にそのときはイヤぁって言わなかったんだけど、ちょっとあんまり嬉しくなかった。ははは。ハアーッ……みたいになって」

「子供ができてたら、どうしてたんだろうね？」

「いやー、私、その当時できたらね、堕《お》ろしてたかもしれない。それくらいなんか、ちょっと……」

「ちょっと、なに？」

「……受け入れたくなかった。でも結婚してるんだよね。なんか、矛盾してるんだよね」

「たしかに、矛盾だよねえ」

「だから、ますますできなくなったよね。セックスに対する楽しさも知ってるし、自分が楽しめることだって知ってるから、よけいできない」

　自業自得との見方もあるかもしれないが、私はそうは思わない。ただそこにある、どうしようもできない現実、との捉え方だ。もちろん傍《はた》から見れば悲劇ではあるが、それならば夫婦関係を解消するという選択肢も残されている。決して逃げ道がないわけではない。実際、彼女に離婚を考えているかと問いかけたところ、「いまは考えてない」との答えが返ってきている。

　じつはハルカと夫は、性に関すること以外ではうまくいっている。彼女のＳＮＳでは、いまも夫と楽しそうに旅行をしている姿が上げられているし、そこには二人の笑顔もある。そして彼女は口にする。

「それ以外は全然ＯＫなんだけど」

「性のことだけ？」

「うん。なんでだろう～」

当初、私はハルカが夫との間に子供ができることを躊躇するのは、家庭を顧みなかった彼女の父親に対するトラウマなのではないかと考えていた。だが、それも違うようだ。というのも、長期間同棲していたホストの彼との間には、別の感情が存在していたのである。

「前の人とは中出しもあったのね。結婚したいだけでなく、むしろ子供ができたらと思ってたし……」

ハルカは、自分と夫との性の問題について、次のように総括する。

「最初が、ファーストインパクトが強かったのよね。ダメ、この人とは合わないって思っちゃったんだよね。ちょっと一方的な感じで、相手のことを考えてないエッチなんだよね」

そう言ってのけるのと同時に、風俗という外の世界で、性についてあらゆることを知ってしまった彼女の性欲は、いまなお、ますます亢進《こうしん》しているという。

「最近、お店に出るのが楽しくてしかたないの。それこそ相性のいいお客さんに出会うと、これまでにないくらい乱れてる。うわあ、私ってこんなにすごいんだって、自分でも引いちゃうくらいに……」

それなのに、彼女の見た目にはいまだに清涼感が漂っている。いわゆる、性の匂いがほとんどしないのだ。こういうことは、過去に千人以上の風俗嬢と会ってきた私にとっても、稀有《けう》な例である。いったいなんでなんだと、理解に苦しむ。

もはや持って生まれた才能なんだろうと、思うほかない。

私は目の前の彼女に言った。

「考えたら風俗歴、二十年以上だよ」

「そうだね。二十年選手だね。ヤバイね。はっははは。ヤバイね。でもさあ、こんだけやってて辞めないってのは、私、やっぱ好きなんだよね。本当に口ではヤダぁとか言ってながらさあ、根本は好きなんだよね」

笑顔でそう言い切るハルカを見て、昭和生まれの私の頭のなかには、赤塚不二夫が『天才バカボン』のなかで、バカボンのパパに言わせた、あのセリフしか出てこない。

「これでいいのだ！」

# 第六章　処女風俗嬢・カオルの冒険

その場にそぐわない服装、というのがある。じつは、彼女との初対面がそうだった。二年前の春のこと。連載をしていたスポーツ紙で取材相手のSM嬢として、磔台の置かれたプレイルームに現れたカオルの服装は、リクルートスーツだったのである。

正確なことをいえば、その時点で彼女はすでに会社勤めをしていたので、〝リクルート〟ではないのだが、セルフレームの眼鏡に着慣れていないスーツ姿は、どう見ても就職活動中の女子大生だった。しかも彼女は、入社して間もない会社で新入社員としての仕事を終えた足で、店に出てきたのだという。

以前、コスプレをするイメクラの取材で、ＯＬの制服を着た女の子がいるにはいたが、それはあくまでも実生活とは異なる衣装。これほどまでにリアルな服装で現場に現れた女の子に会うことは、滅多にない。

聞けば、カオルが現在の店に入ったのは、就職前の二月とのこと。それまでにＳＭの経験はなく、初体験だと語る。ちなみに、ということで就職先の〝業種〟を尋ねると、彼女は躊躇なく、一部上場企業である外食チェーン会社の〝社名〟を挙げた。ここまではっきりした物言いのときに嘘はない。本当にそこで働いているのだろうと思った。続いて卒業した大学に質問が及ぶと、あっさり首都圏の難関国立大学の名が出てきた。これも恐らく真実なのだろう。

いやあ、なんだか面白い女の子に当たったようだ。その場にいる私の頬は緩んでいたに違いない。

私は彼女への取材結果を〈いかにも瑞々《みずみず》しい新入社員といった印象〉との書き出しで、店の紹介に続いて次のような記事にまとめた。

〈「いまの店に入ったのは二月で、初めての風俗です。もともとＳＭに興味があり、この仕事をしている友人に誘われたのでやってみることにしました」

店でのプレイは、すぐに気持ちよくなることができたという。

「私ってクリが感じやすいんですね。舐められたりすると、もうなにも考えられなくなっちゃうんです。いっぱい濡れたところで、クリと中を同時に攻められたら、すぐにイキそうになります」

これまでにいちばん興奮したプレイについて尋ねたところ……。

「前と後ろの両方を同時に、バイブで攻められたことがあるんですけど、快感と興奮で声が抑えられなくなりました」

攻められるだけでなく、自分から攻めるのも大好きだと語る。

「ご奉仕は大好きですね。自分が一生懸命やって相手の反応がいいと、すごく嬉しくなっちゃう」

ちなみに、この仕事で初めてAF（アナルファック）を経験したそうだ。

「最初は戸惑いましたけど、慣れると気持ちよくなってきました。圧迫された感じで苦しいのが、なんかイイんです。あと、その前の浣腸《かんちょう》も恥ずかしいけど気持ちイイです」

風俗で働く時間について、周囲には遊びに出ていると話しているらしい。

「両親と同居してるんですけど、まったく疑われてないですし、そんなに罪悪感はありません。あと、職場で店のプレイを思い出したりもするんですけど、ああ、早く店でプレイしたいなって、考えてますね」

そんな彼女、SMの仕事はいつまで続けるつもりだろうか。

「この仕事はいつまでとは考えていません。だって、プレイを楽しんでますし、辞める理由がとくにないですから」〉

取材時間はセミヌードの撮影も含めて三十分あまり。あくまでも店と彼女の宣伝が目的の原稿であるため、性的な行為に積極的な印象を抱かれるような発言を並べている。とはいえ、カギカッコのなかのコメントは、すべてカオル本人の口から出たものだった。

だがじつは、この記事ではある事実を〝封印〟していた。

当時二十二歳のカオルは処女だったのだ。

処女と風俗嬢という要素は相反するようでいて、共存が可能である。現実には裏で容認している一部の業種もあるため、あくまでも建前の話になるが、日本では法律上、性風俗店における本番行為は禁じられている。また、意外に感じられるかもしれないが、性器とは規定されない肛門を使うAFは、法に抵触する性交とはみなされない。そうしたことから、風俗嬢であっても処女でいることは不可能ではないのだ。

ただし、処女であることをメディアで取り上げた場合、強力な宣伝にはなるが、反響が大きくて身元がバレたり、金銭を提示しての本番強要をされたりなど、女の子の負担になることもある。そこでカオルにはそうしたリスクを説明し、店名と源氏名を明らかにすることの記事については、処女であるとの情報を入れないことにしたのだった。

難関国立大学を卒業し、一部上場企業に就職。さらには処女でSM嬢という彼女の生い立ちには、当然の如《ごと》く興味が湧く。私は店に内緒で時間をかけたインタビューができないかと持ちかけた。「面白そうだし、謝礼が出るならいいですよ」という彼女とは、その場でラインの連絡先を交換し、後日の取材についての約束を取り付けた。ちなみに、謝礼とはいっても大金ではない。こちらが提示したのは現金一万円であり、その金額であれば、わざわざ時間を取ってもらうことを考えても〝足代〟として許容される範囲内だと思う。

こうした流れでカオルとふたたび会ったのは翌々月のこと。都内某所のカラオケボックスで話を聞いた。その結果は事前に彼女の許可を得たうえで、とあるウェブサイトで〝処女風俗嬢〟へのインタビューとして紹介した。そこでは、順風満帆と思える人生を歩んできた彼女が、なぜ副業として風俗の仕事を選んだのかということを書いている。概要を記すと以下の通りだ。

一人っ子だった彼女の両親は小学生のときに離婚。いまは営業の仕事をしている母と一緒に暮らしている。離婚をしたとはいえ、両親の仲は険悪というわけではなく、これまでもおよそ三日に一度は父が家に来るという関係が続く。

受験をして中高一貫の私立女子校に進学したカオルは、自身を「腐女子だった」と振り返る。

「小学校時代からBL（ボーイズラブ）好きでしたし、そんな漫画のエッチなシーンを見ては、性的なことに興味を持ってました」

腐女子とは男性同士の恋愛を扱った漫画や小説が好きな女性のこと。自宅に一人でいることの多かった彼女は、小学校高学年で自慰を始めていた。

「小学校の頃からパソコンをやってて、家でアダルトサイトを見てたんです。現実の男の人のことはあまり考えたことなかったけど、サイト内で男性に攻められている女性の姿を自分に置きかえて、興奮してました」

　中高六年間を女子校で過ごしたカオルは、腐女子の度合いをより高めたと語る。

「べつに三次元（現実の男性）でなくてもいいなって思ってました。高校時代がいちばん自分で（自慰を）してました。ネット動画とかを見て、ほぼ毎日でしたね」

　やがてストレートで首都圏の国立大学に合格した彼女は、同世代の異性が近くにいる環境に身を置くことになった。だがそこで、生身の異性とどう接していいのかがわからない。

「性欲はあるんですけど、それは外に向かってじゃなくて、あくまでも自分のなかで片付けることで解消してました。ネット通販で電マ（電気マッサージャー）を買って、自分用に使ってましたし……」

　そんな彼女が大学一年のとき、ひょんなことから風俗での仕事を始めてしまうのだ。それは次のような流れだった。

「大学に入ってすぐ、塾講師のバイトをしてました。でも時間のわりに給料が合わないって思ってたんです。それでワリのいいバイトをネットで探したら、ガールズバーがあって面接に行きました。そうしたら『ガールズバーじゃなく、こっちがある』ってピンサロでの仕事を切り出されて、断りきれなくて……」

うす暗い店内にボックス席が並び、コスプレで客を迎えると、やがて全裸になって全身を触られながら、最終的には口を使って客を射精させるという仕事。彼女はそこで八カ月ほど働いたという。

「もともとそこまで三次元の男の人に興味がなかったので、機械的にこなしてました。さすがに最初は口でやって、こんな感じなんだって複雑な気持ちで一晩中考えたりもしたんですけど、自分のカラダを触られるのはそこまで嫌じゃなかったし、給料が他のバイトより良かったんで続けてました」

恋愛感情を伴う生身の男性との関係にこだわりがなかったからこそ、流れ作業のように仕事をこなせたのかもしれない。その仕事は、五、六時間の勤務で一日二万円にはなった。

「与えられた仕事を忠実にこなそうとしか考えてなかったですね。店でのプレイでアソコへの〝指入れ〟があったんですけど、ほとんど痛いばかりでした。異物感、違和感しかなかった……」

だがそれでも、生理的な嫌悪感を覚えるまでには至らないため、〝作業〟に対する対価として受け入れられたのだ。ピンサロでの仕事は、間もなく大学二年という時期まで続く。

「お店のことが取り上げられたネットの掲示板では、私について『処女なんですよ』と書かれてました。それに興味を持ってやってくるお客さんもいたんですけど、私としてはウリにしているつもりはなかったですね。お客さんには全身をいろいろ触られましたけど、それで気持ちよくなるということも、ほとんどありませんでした」

ピンサロで働く時間について、同居する母親には塾講師のバイトを続けていると話していた。そんな彼女が店を辞めるきっかけは、「シフトを増やすように強要され、学校の授業と両立できないから」という、極めて単純な理由だった。

カネ目当ての仕事ではあったが、それで得た収入は、さほど高いものではないアニメキャラのグッズや洋服を購入するくらいで、余った分は貯金していたそうだ。

「一度だけ、三十万円くらいかけて全身脱毛をしました。前から毛深いことがコンプレックスだったんで……」

ピンサロを辞めた彼女が次のバイトとして選択したのは、またもや風俗の仕事だった。

「ふつうのバイトは時給が安くて働く気にはなれなくて……。それでデリヘルの面接を受けたんですけど、仕事内容を聞くと、〝素股〟が入るだけでピンサロと変わらない。それならやれると思って働くことにしました」

〝素股〟とは、本番行為の体位になり、ローションをつけた手で男性器を握って射精させるプレイである。ただし、デリヘルの仕事というのは、従業員が監視をしているピンサロとは違い、客の男性と密室で二人きりになってしまう。そこでは、客からの本番強要が頻繁にあると聞いている。

「そういうときは『ダメです』って断ってました。何度も言ってくる人には『本当にダメなんですよ』って、強い口調で返してました」

ある意味、性行為にこだわりのないカオルが、なぜ処女ということにこだわったのか。その質問に彼女は即答した。

「こんなとこで処女を捨てるのはヤバイと思ってました。好きな人が……できるかどうかわかんないけど、とりあえず今ではないって。やっぱ、入れたくないんですよね……」

さらにカオルは付け加える。

「私ってそういう場所（風俗）に慣れてない感じがウリになってるじゃないですか。清純派というか……。そのイメージが、一回でも（セックスを）やると、剝がれそうだし……。余分におカネ出すからって人もいましたけど、おカネでは揺るがなかったですね。私のなかでは処女が大切なものっていう認識があるのかな？　なんかおカネで売るというのも値段をつけるみたいで抵抗があったんです」

だが、そんな言葉の反面、「十万って言われたら悩むなあ……でも、自分が納得する人のときに、とっておいたほうがいいかな」と揺れ動く心境も見せた。

彼女はそのデリヘルを一年で辞めた。理由は五十代後半の客に、専属の愛人にならないかと誘われたからだ。

「一回三万円くらいで会うようになりました。最初の約束で本番はなかったんですけど、やっぱり途中から求められるようになってきましたね。もちろん拒んでました。そうしたら、二カ月くらいして、『妻にバレた』と連絡が来て終わりました」

そろそろ大学三年という時期に、カオルは性病になることが怖くなり、風俗からは一旦距離を置く。その際にガールズバーで働くことにしたのだが、やはり男性との会話が苦手で、三カ月と持たなかった。

学校でも数回、合コンに誘われる機会はあったが、「私自身、男の人と一緒に過ごして、そんなに楽しいとは思えなかった」と、異性とうまく付き合えないことを明かしている。そしてカオルは自嘲気味に呟く。

「気持ち的に、男の人に恋愛感情を抱くのは難しいかなって思います」

だがその反面、男性との〝カラダ〟の接触については、それほど抵抗がない。

「体を触られたりとかキスだとか、あんまり嫌じゃないんです。人に尽くすのが好きというか、相手が興奮してくれるんなら、私にも存在意義がある、みたいな……。それって、まるっきり承認欲求なんでしょうね」

まずは金銭的な動機で風俗の仕事を始め、そこでの行為にそれほど抵抗がないことに気づく。そのため無感覚で続けているうちに、徐々に「自分が必要とされている」との、承認欲求を満たす感情が侵食してきたのだろう。

大学三年の半ばからは、教員資格を取るための教育実習を受け、続いて就職活動に忙殺されて風俗の仕事を控えていたカオルは、就職が決まった大学四年の夏からオナクラで働くようになる。そこは個室内での〝手コキ〞によって、男性を射精に導く風俗店である。やはり彼女が〝気楽な仕事〞として選ぶのは風俗業だった。

そして大学卒業の直前である二月から、「ＳＭに興味があって、いじめられるとどういう感じかなって思ったんです」と、処女でＳＭクラブでの仕事に至ったというのが、私がそれまでに表に出していた内容である。

だが、ここでも彼女について伏せている事柄があった。この件での取材が終わり、雑談になったところで、「なんか私、男の人に興奮しないんですよね」と口にした彼女が、言いにくそうにあることを切り出したのだ。

「……いま、女の子と付き合ってるんですよ」

予想もしない発言に驚いて相槌だけを打つと、カオルは続けた。

「だから、もとからそんなに、男の人に対して性的に興奮したりしないのかもしれないですね」

　私は尋ねた。

「女の子と付き合ってるのは、いつ頃から？」

「うーん、大学に入って三年生のとき」

「相手はどういう人なの？」

「相手は……シホさん」

　恥ずかしそうに言う。

「え、××のシホさん？」

「そう」

　ここで名前の挙がったシホという女性は、彼女が働くＳＭクラブに在籍している女の子だ。私自身は取材していないが、カオルと同い年でシホという女の子がいることは知っており、店でカオルの取材をしたとき、彼女から店で仲良くしている子として名前が挙がっていた記憶がある。

「シホさんは大学は別だったの？」

「一緒です」

「はーっ、そうなんだ」

「あと、就職先も一緒です」

「ええっ」

つまり、彼女たちは大学の同級生で同じ会社に就職し、密かに付き合っている同性のカップルであり、それに加えて、ともに異性を相手にするＳＭクラブで働いているということになる。その倒錯した世界に軽い混乱を覚えた。

「一緒に住んでるの？」

「いや、一緒には住んでないです。私が実家なんで」

「そうすると、彼女とのセックスはどこでするの？」

「うーん、たまに親が祖父母の家に行っていないときがあるんで、そのときにうちに呼んだりとか、ふつうにホテル行ったりとか、あとシホさんは一人暮らしなんで、そっちに行ったりとか……」

「なんで一緒に住まないの？」

「いや、住みたいんですけど、うちは犬を飼ってて、親も働いてるんで。犬の世話、誰がすんの、みたいなのがあるんです。両方とも一緒に住みたいとは思ってるんですけどね」

そこで私は、彼女がシホさんと付き合うことになるきっかけを尋ねた。

「まず大学に入って気が合う友だちって感じで、ほんとにずっと一緒にいて……」

「専攻とかは一緒なの？」

「そう。もう全部一緒です。それで三年生のときに私が合コンに何度か行ってて、相手の男の人と珍しくラインが続いたんですけど、そのとき私のなかで、でもなあ、この人と付き合うのかぁ～、でもなあ～、みたいに考えて、この人との未来が見えないって感じだったんですよ。ていうか、未来が楽しいものだと思えなくて、じゃあ私、誰が好きなんだろうって考えたときに、シホさんが頭に浮かんで、うーん、みたいな……」

「どっちが告ったの？」

「それから一週間くらいして、私から。あの、うちに泊まりに来たんですけど、そのときにちょっと『好きかもしんない』みたいに言って。そうしたら向こうも、『いや、（私も）好きだったっす』って」

「相思相愛だったわけだ」

「でも向こうは、『カオルさんが合コン、合コンとか、彼氏作んなきゃとか言ってたから、なんか（好きとは）言っちゃダメだなって思ってた』って」

当時はカオルなりに、周囲に同調しなければと、仮の姿を演じていたのだろう。そのときのシホさんとのやり取りが頭に浮かんだのか、カオルはフフフと思い出し笑いをする。私は単純な好奇心で質問した。

「初めてシホさんとセックスしたときって、どうだったの？」

「ああっ、いやでも、そうですね。クフッ、ふつうに興奮しました」

「女性とは初めてでしょ？」

「初めて」

「なにか男性との違いを感じたりした？」

「それは、やっぱりチンチンがないから。これが、ヒトの女性器なんだぁって。アハハ」

照れ笑いを浮かべる。そのように相手が恥ずかしがっているときは、こちらは却って遠慮のない聞き方をしたほうが、相手も答えやすい。

「そのときって、タチ（攻める側）はどっちだったの？」

「あ、た、し、だったですね」

「それは自然とそうなってたの？」

「そうでしたね。まあ、日によりますね、いまは……」

「いまは？　ネコ（受ける側）になることもあるんだ」

「そうですね。私疲れてて攻めらんないよ、今日は、みたいなときに……」

「いまはどれくらいの割合で会ってるの？」

「働いてるんで……。えーっ、どうかなあ、二週間に一回会ったらいいほうかなあ」

ここで私は、最初に気になっていたことを話題にすることにした。

「××（ＳＭクラブ）に所属した順番でいえば、シホさんが先だったような記憶があるんだけど、それはどうしてだったの？」

取材対象を探すために、私は同店のホームページをまめにチェックしていた。結果的に、二人が揃《そろ》って同じ店で働くようになった経緯を知りたかったのだ。

「もともと、私がオナクラをやってたときに……なんかオナクラってあまり稼げないんですよ。お客さん全然来ないし。もう、おカネ欲しいとかって思ってて……。で、私は全然風俗慣れしてるんですけど、シホさんは大学二年のときに、風俗でほんのちょっと、それこそ一週間だけ勤めたくらいしか経験がなかったんですね。だから、『ちょっとどこか勤めてみてよ』みたいなことを私が言って、最初はSMじゃなくて、痴漢のイメクラみたいなところに勤めさせたんですよ。勤めさせたって、ほんと言い方悪いけど、フフフ。勤めてもらって……。そこがあんまり稼げなくて、『じゃあSMいってみよっか』って……」

「なんでSM?」

「SMってやっぱお給料が高いってのがあって……私は最初はM性感を調べてたんですね。けど、自分から言葉で責めるのって苦手というのがあって、じゃあやっぱSMかあって……」

M性感というのは、マゾ願望のある男性客を、女性側が言葉責めをしながらアナルを中心に刺激する風俗店である。それはさておき、彼女が当初の入店理由として口にしていた、「SMに興味があって、いじめられるとどういう感じかなって思ったんです」というのは、やはりリップサービスだったということがはっきりした。いちばんの入店理由は、金銭的な問題だったのだ。彼女は続ける。

「最初はシホさんに入ってもらって、イケそうだったら、じゃあ私も〜って。ハハハ」

「どれくらいの差で入店したの？」

「たしか一、二週間ですね」

「とりあえず確認しておくと、ＳＭを選んだ理由って、やっぱりおカネだったわけだよね」

「うーん、そうだけど、興味もありましたね」

「シホさんと二人で、ＳＭっぽいことをしてたとか？」

「そうですね。まあの、首輪買ったりとか、（お尻を）叩いたりとか……。あっちがドＭなんで。向いてんじゃないって」

「カオルさん自身は、自分がＭになる仕事をやってみてどうだった？」

「いや、痛いですね。フフフフッ」

「そうなんだ。じゃあカオルさんだけでもＳＭを辞めようってならないの？」

「私ですか？　私はまあ給料いいし、なんか求めてもらってるし……。それに楽しい部分もあるし……」

彼女自身は前にも口にしていたが、やはり「求められる」という承認欲求が満たされることが、金銭面での満足とともに、風俗での仕事を続ける動機として、かなりのウエイトを占めているのだろう。

　私はもう一つ気になっていたことを持ち出した。

「たとえばそこでね、互いの嫉妬ってどうなってるんだろう？」

「そうですね。最初は私は大丈夫だと思ってたんですけど、意外とあっちが勤めて、お給料いっぱいもらったって喜んでると、ああ～辛い、ウ～、みたいな」

「嫉妬で？」

「そう。嫉妬みたいのがあって、私いっつも怒ってるんですよ、あっちを。こういうとこが辛いんだよって。それであっちが泣いて、ゴメンって仲直りして……。一回、こっちが辛いとか言ってから仲直りすると、しばらく大丈夫になるんで、私が。だからもういまは私が『いくら稼いだの？』で、シホさんから『×万円』って返ってくると、『あ、すごいじゃん』みたいな感じですね」

「なんかそういう関係性を見ると、やっぱりカオルさんが元からタチだったたってことなんだね」

「そうですね」

「ところで、これからどうなっていくんだろう。男女ともにいけるバイセクシャルでいくのか、それともレズビアンだけかってことについては？」

「私ですか？　そうですねえ。気持ち的には、男の人に対して恋愛感情を抱くのはできないかな〜って思って。まあ別にセックスが……男の人とプレイするのは嫌じゃないんですけど、やっぱ感情的には女の子のほうが好きだなって……」

カオルの声はやや低めで、例えるなら女優の山口智子《やまぐちともこ》が静かに喋っているような雰囲気がある。その声色で言う。

「ていうか、男の人とはセックスも大丈夫なんですけど、やっぱ一緒に暮らしたりして、家族になるのって、難しいかな〜って」

彼女の言葉を聞きながら、私のなかに突拍子もない想像が浮かぶ。

「あのさあ、シホさんにペニスバンドを付けてもらって、処女を奪ってもらうのってどうかなあ？」

「ああ、そうですね。時々してもらってて、今日こそは濡れてるし、いけるでしょうって、やってみるんですけど、やっぱり私が途中で痛くて、『ゴメン、やっぱ無理〜』って、ハハハハ……」

「なんだ、試そうとはしてたわけだ」

「ですね。いつもやめちゃって、フフフッ、結局はできないんですよ……」

笑い声のままカオルは現状を説明する。

「ちっちゃめのバイブなら入るんですけど、ふつうの大きさのディルドだと、もう入んないんですよ」

念のために説明しておくと、ペニスバンドは男性器を象《かたど》ったディルドをベルトにつけて下腹部に装着する器具。また、ともに男性器型の大人のオモチャでも、バイブは振動するがディルドは振動しない。

男性器の実物は経験していなくても、それを模した大人のオモチャを、〝処女〟のカオルは豊富に経験している。それだけではない。レズビアンもアナルセックスも彼女はすでに知っている。なんというか、〝処女〟という単語に反応してしまった自分がとても愚かに見える。

そろそろ約束の一時間が経とうとしていた。私は「いや、面白かった。ありがとう」と、取材の終わりを告げた。

謝礼の一万円を渡し、目の前で領収書を書いてもらうと、彼女はなんの躊躇もなく実家の住所と本名を記す。その無防備な姿を見ながら、この先、悪い客に出会わなければいいけど、と心の中で案じる。

「あのさあ、またしばらく時間が経ったら、同じような感じでインタビューさせてもらえないかな？　これからどういう変化が起きるのか知りたいから」

「あ、全然いいですよ。また連絡してください。変化といえば、もうちょっとしたら私、会社を辞める予定なんですよね」

さらりと口にする。

「ええっ、辞めちゃうの？　どうして？」

「いやなんか、働いてみたら、全然予想と違ってたんですよ。だからもういいかなって」

就職活動をしてようやく入った一部上場企業のはずだが、彼女の口調にはまったく未練や迷いが感じられない。

「次はどうするか決めてるの？」

「いや、まだなにも。でも、とりあえず貯金もあるし、そんなに焦らずに探します」

「そうなんだ。わかった。じゃあ今度はその点も含めて話を聞かせてね」

「はーい」

なんとも拍子抜けするあっさりした態度に、私はなんだか未来の楽しみを得たような気分になった。もちろん、彼女が心変わりをせずに取材を受けてくれれば、という前提ではあるが、カオルがこの先、年齢と経験を重ねてどのように変わっていくのかを知ることができるのだ。それはとても贅沢なことのような気がしていた。

＊

　あの取材から一年半が経った――。

〝期待と不安〟、というか、不安のほうが大きいので、〝不安と期待〟の心境でカオルに取材を申し込むラインを送った。

　じつは前回の取材から四カ月後に、一度だけラインで彼女が転職したこと、さらにSMクラブを辞めるつもりだということを聞いていたが、そこから起算しても一年以上ぶりの連絡である。

　時間が経過すると、過去の自分と訣別《けつべつ》したくなった女性は、過去の自分を知る相手との繋がりを断ち切ってしまいがちだ。それはそれでしょうがないと、私は簡単に諦めることにしている。はたして彼女はどちらなのだろう。

　と、三十分ほどで返信があった。

〈お久しぶりです！

ありがとうございます！

お受けしたいと考えておりますが、どういった内容でしょうか？〉

　私は前回と似た内容で、その後のことが聞きたいと伝えた。謝礼も同じく一万円だ。

〈了解です！　大丈夫です！

基本平日（月、金）の夜か土日なら空けられます～〉

　前回とまったく変わらないカオルの反応に胸を撫《な》で下ろす。互いの都合を調整し、十一日後の月曜日に某駅前で待ち合わせることにした。前の会社を辞めた彼女の、新たな就職先に近い駅だという。そういうことを躊躇なく明かすところも、相変わらずだと思った。

「ご無沙汰してます」

白いタートルネックセーターに白いカーディガン、細かいチェック柄のロングスカートという出で立ちで、待ち合わせ場所に立つカオルは笑顔で言った。一年半のブランクをまったく感じさせない屈託のなさだ。

二人で並んで歩き、近くにあるカラオケボックスへと向かう。

「××（SMクラブ）を辞めたのって、去年の十月末だと記憶してるんだけど、どうして辞めたの？」

個室に入ると、私はまず転職したという彼女が、前年の秋に送ってきたラインについて触れた。それは次のような文面だった。

〈ご無沙汰しております！

仕事は順調です。だいぶ落ち着いてきましたので、今月いっぱいで××を辞めさせていただくことにしました〉

「どうしてだったかなあ。まあ、ふつうに仕事も安定して、続ける必要がなくなったっていうか……」

「昼の仕事が安定してるっていうことだよね。ところで転職先ってどういう会社？」

「私がやってるのは事務の仕事なんですけど、××を作ってる会社です」

どちらかといえばニッチな、すぐに特定されてしまう製品の会社であるため、ここでは詳述できないが、カオルは勤務先について製造業の会社であることを明かした。もちろん、一部上場企業だった前の会社にくらべると規模の小さな中小企業である。そのことに抵抗はなかったかと尋ねると、彼女は即答した。

「私ってあんまり会社の業績の良し悪《あ》しってわからないんですよ。それよりも、とりあえず正社員ならなんでもいいっていう、ハハハ。正社員の事務で、とりあえずどっか就ければって感じでしたね」

いまやっているのは経理事務で、最初はいろいろ覚えることがあったそうだが、すぐに仕事には慣れたという。

「給料とかは減ったの？」

「それは減りましたね。前は手取りで二十万円くらいだったのが、いまは十七万円くらいです」

ただし、前の会社は拘束時間がとにかく長く、それにくらべれば現在の会社は定時に終わるため、負担も少ないと笑う。

「いま居るのはちっちゃい会社なんで、みんな仲良しだし、優しい人が多くて居心地はいいですね」

「××（ＳＭクラブ）を辞めちゃってからは、風俗は一切なし？」

「そうですね。風俗は、やってなくて……」

「援交？」

「ハハハ、そうです。援交は……今年九月くらいに〝パパ活〟をやって、みたいな」

照れ笑いを浮かべる。パパ活も、言葉はよりソフトになっているが、要は援助交際ということである。カオルは続けた。

「それで、昨日も（パパ活を）やったんですけど、もうヤダァ～って感じになっちゃって」

「昨日って、九月から三カ月くらいだけど、その間に何人くらいとパパ活したの？」

「昨日が三人目です」

「わかった。じゃあそれは後でゆっくり聞こうか」

私は一旦その話を打ち切り、彼女が昨年ＳＭクラブを辞めようと思い立った理由について尋ねた。

「うーん、やっぱ二十三、四って歳を重ねてくるにつれて、そのうち稼げなくなるんだろうなあ～、みたいな恐怖が……」

カオルは「そのうち稼げなくなるんだろうなあ～」と口にするとき、恐怖を実感していることを伝えるように、怯《おび》えたような震える声色を使った。

「だから、慣らさないといけないって考えたわけ？」

「そうですね。ふつうの生活に戻らなきゃな、って思って……あと、ＳＭがキツイってのもあったし」

「やっぱりキツかった？」

彼女は黙って頷く。私は聞く。

「あと、シホさんとのこととかも理由としてあったりした？」

「まあ、そうですねえ。互いに、そろそろ辞めたほうがいいよねえ、とかは話しました。シホさんも私と同じだった前の会社を、私が辞めた二カ月後に辞めて、それから去年の十一月くらいに再就職して……。私の勤務先と同じくらいの規模の、電気工事をやる会社で事務をやってますね」

「あの、まだ付き合いは続いてるんだよね？」

「はい。続いてます」

「最近はどういう付き合い方なのかな？」

「職場は彼女も同じ××（地名）にあるんで、朝とか夜も会えたら会って、一緒に帰るっていうか……」

シホさんの職場があるのは、カオルの会社と同じ駅とのこと。カオルが母と暮らす自宅と、シホさんの一人暮らしの部屋は、ここからはそう遠くない地域にあり、両者の間は二駅の距離だという。

「大学時代から交際が続いてるけど、なにか変わってきたことってある?」

「そうですねえ、彼女と付き合って、男の子とは付き合えないなって思っちゃいましたね。話してても、やっぱ彼女のほうが話が合うし、一緒にいて楽しいし……」

「向こうの部屋にはどれくらいの割合で行ってるの?」

「最近は全然行ってないですねえ。そういえば三カ月くらい行ってない。なんか毎日のように会ってるんで……。それ以外に遊ぶとしたら土日とかになるんですけど、彼女って吹奏楽をやってて、演奏会の前とかは練習が夜遅くまであるんで、泊まりに行けないんです」

ここで私はカオルに対して、「シホさんの顔を知らないから、なんかイメージが湧かないんだけど、写真とか持ってない?」と切り出した。すぐにスマホの画面をスクロールする彼女。「こんな感じです」とカオルが見せてくれたのは、彼女と背丈が同じくらいの、黒髪ショートでセルフレームの眼鏡をかけた内気そうな女の子だ。化粧っ気もほとんどなく、その点ではカオルと同じ雰囲気を持っている。

「ところで、泊まりがないってことは、会ってはいるけど、セックスは少ないってこと?」

「ハハハ、学生のときはけっこうしてたんですけど、互いに働き始めるとなかなかタイミングが合わないというか、それで今日イケるんじゃないみたいな日に限って生理、みたいな……やっぱどっちも女性なんで」

「期間が長くなると、精神的なこととか、セックスの内容とかに変化はあったりする？」

「いやあ、そこはお互いに好奇心が旺盛なんで……」

「オモチャを試したりとか？」

「使いますね。誘うときって、だいたい私がして欲しいときなんで、私が攻めてもらってますね。私が攻めたいなってときは、ペニバンを使って向こうに入れたり……」

ペニバンはペニスバンドの略。それは互いに使用するのかと尋ねると、彼女は首を横に振った。

「私自身は挿入があまり好きじゃないんで、自分に入れてもらうことは少ないですね」

それを聞いた私は、そういえばカオルを以前取材したのは、彼女が〝処女風俗嬢〟だったからだということを思い出す。

「あのさあ、前に取材したときは処女だと話してたじゃない。その後はどうなったの？」

「あ、失《な》くしましたぁ、フフッ」

「それはさっき話したパパ活でのこと？」

「いや、××（SMクラブ）で働いてたときに、すごい仲良くしてくださったお客さんがいて、その人がすっごい本番したがって、私が冗談で、『辞めるときにやらせてあげますから～、もう言わないでください』って言ってたんですけど、そうしたら辞めることになっちゃったんで、そのことを話したら、『じゃあ、入れていいんだよねえ』ってなって……」

「それは最後の出勤日にってこと？」

「いや、ＳＮＳで繋がってたんで、辞める前に伝えたんです。そのとき」

「それで向こうが店に来て、やった、と」

「やった、と、ハハハ」

つまり、前回のインタビューで話していた処女を堅持するとの意志は、その場をやり過ごすための口約束によって、簡単に崩れたことになる。しかし、一旦口にしたことを遵守する姿勢は、彼女もまた律儀というか……。ただまあ、カオルにとって処女というのは、正直どうでもよかったのだろうとも思った。

「相手はいくつくらいの人？」

「えっと、五、六十くらいの人」

「一応聞くけど、そのときはなんか感慨はあった？」

「う〜〜〜〜ん、いやあ、そこまでなかった、ハハハハハ」

「まあそうだよね。断るのが面倒臭かったとか？」

「なんか、約束したってのもあったし。結局、断るのが苦手なんですよね」

「そのときって痛みはあった？」

「ふつうにありましたよ。『痛い痛い痛い、イタ―イ』って、声出してましたもん。向こうはよくイケたなあと思って……ハハ」

　カオルはそのときみずから発した声を模して再現する。

「それ以降って、男性との本番はあったの？」

「今年のパパ活まではなかったです」

「つまり××（ＳＭクラブ）を辞めて一年くらいは風俗、というか性の仕事はやってなかったわけだよね。以前と違ってそちらの収入がなくなるというのはどうだった？」

「そうですねえ、風俗でおカネが入ってたときは、お小遣い帳じゃないですけど、そういうのをつけないで、遣いたいときに遣うって感じで過ごしてたのを、さすがにヤバイなって思って、家計簿じゃないですけど、そういうアプリを（スマホに）入れて、やっていこうってなってました」

「店を辞めた段階で貯金っていくらくらいあったの？」

「一応、百万とか百五十万とかはありました」

「それは減っていった？」

「いや、元からそんなに遣うタチではないんで、逆に給料から毎月貯金をして、金額は増えてますね」

「つまり昼職の給料だけでも、貯金できるくらいはなんとかなるわけね。実家にもおカネは入れてるの？」

「まあ、少ないですけど、一応は」

私は、ここで疑問に感じていた、給料でやっていけているのに、なぜパパ活を始めようと思ったのかについて質問した。

「パパ活の存在自体は、デリヘルで働く前くらいから知ってはいたんです。それでまあ、一応月に四万くらいは貯金してるんですけど、それを目標にすると、やっぱり毎月カツカツなんですね。で、週末とかに、この服欲しいなあ、みたいなのがあって、もうちょっと余裕が欲しいけど、風俗には戻りたくないなあ、みたいな感じで……」

「なんで風俗には戻りたくなかったんだろう？」

「やっぱりこう、風俗ってどうしても性病とかの不安がつきまとうじゃないですか。それが嫌で……」

パパ活にも当然ながら性病のリスクはあるが、不特定多数を相手にする風俗業よりはマシとの意識があるようだ。

「どうやって相手を見つけるの？」

「それがいろいろあるんですよ。事前に調べたんですけど、ツイッター上で募集する人もいるし、あとアプリみたいなのがあって、それで募集したりとか、それこそ登録制のクラブみたいなのもあるんですね。私の場合、最初はアプリでやってみたんですけど、そのときはあまりカラダの関係とかは考えてなくて、お食事だけにしたかったんですよ。で、探してみたんですけど、やっぱりそれだと相手がいない。しかも来るメッセージが、『一回二万でどうですか？』とかで、〝安っ！〟て感じなんですよ。そういうのばっかりで、アプリはすぐに止《や》めちゃったんです」

「そのときはこっち側は金額とか書くの？」

「そうですね。こっちから提示する場合は、〈こっちはお食事一（万円）で考えてます〉とかって書いたり。でも、それに対してさっきの、二万で本番みたいなメッセージばかり来るんで、〈すいません、ちょっとそれじゃ条件合わないんで〉で、終わり、みたいな……」

「食事一万ってのは成立しなかったんだ」

「しなかったです」

「それで、どういうふうにやり方を変えていったの？」

「やっぱアプリはダメだなってなって、だけど、それでも風俗で働くのはちょっととって気持ちだったんですね。で、情報サイトを見てたら、交際クラブってのがあったんです。そこに〈いま流行のパパ活で食事一回で一万円〉とかって書いてあって、それが『××クラブ』って名前で、公式サイトをちゃんと作ってあるんですよ。で、質問コーナーに、〈お食事だけで一万円ってホントなんですか？〉ってあって、それに対して〈もちろんそれだけで稼げるわけじゃないですけど――〉ってちゃんと答えてるんですね。だから、まあ一回行ってみようかなって……」

傍で聞いていると〈それだけで稼げるわけじゃない〉との文言は、その先に肉体関係が待っているように思えて仕方ないのだが、一見ちゃんとした回答がなされていることに安心してしまうのだろう。実際、勤め先の風俗店を選ぶときなど、女の子の多くは店のホームページがちゃんとしているところや、電話での店員の対応が丁寧な店を選ぶ傾向がある。つまりはそれが実体を伴わない〝見せかけ〟であっても、他よりもマシということで、一歩を踏み出す自分を納得させているのだ。

カオルはその『××クラブ』の面接に行ったと話す。

「女性のほうが圧倒的に多いらしいんですね。だから面接で一応合否があるっていうことで……」

「それはどういう場所にあったの？」

「××（地名）でした。そこにあるタワマンで、めっちゃ高そうな場所でした。すんごい、庭園とかが入っているような」

「行ったらどういう人が出てきたの？」

「私とそんなに歳が変わらない、すんごくおしゃれでキレイな。あなたがパパ活すればっていう感じの女性が出てきました。それで部屋で面接なんですけど、すごい事務的でしたね」

「どういうことを聞かれたの？」

「まあ聞かれるっていうか、むしろ説明みたいな感じで、なんか『××クラブ』ではこういう感じで、みたいに淡々と説明されて……。パパ活の交際タイプがあるんですね。A、B、C、Dって。Aはお食事だけ。Bは二回目以降に可能性がある。Cはフィーリングが合えば初回でも大人の関係になります。Dは誰でも平気です、みたいな」

　私自身、パパ活についての知識がなかったため、そのようになっているんだとの興味を持って聞く。

「そんなふうに説明されて、どれができるかを聞かれたんで、『じゃあBで』って……」

「ところで、そうなると、斡旋《あっせん》する交際クラブ側のメリットって、どういう部分にあるのかなあ？」

「ええと、男性側が入会金とかデートのセッティング料を支払うんですけど、それがけっこう高額なんです。それこそ何十万円もしたりとか。ホームページを見たらすぐ出てきますよ」

カオルに聞いた『××クラブ』のホームページは、なるほどすぐに検索で現れた。そこでは、会える女性のレベルや事前に提供される情報量などによって男性会員がクラス分けされており、入会金は最低でも三万円で、最高のものは数十万円である。また、女性とのセッティング料金も二万円から十万円と幅広い。男性への面接もあるようなので、高級なイメージ作りのために、豪華な事務所を用意しているのだろうと想像がついた。

「それで、事務所で写真を撮られて？」

「そうですね。写真とか動画を撮られて」

「動画？」

「なんかクラブ側の女性が、『いくら目標ですかぁ？』って聞いてきて、いくらでーすって答えたり」

「いくらって答えたの？」

「あんまりガチじゃなかったんで、『んー、まあ、五万円くらいですかねえ〜』みたいな」

私は「はいはい」と相槌を打つ。

「で、『おカネが貯《た》まったらどうしたいですか？』って聞かれて、『お洋服とか買いたいと思いま〜す』って。フフフッ、『よろしくお願いしま〜す』みたいに答えて」

「それで登録した、と。Bで」

「そうですね。Bで」

「登録してどれくらいで連絡があるものなの？」

「まず、『基本的に女性のほうが多くて、なかなか来ないんですよ』って言われてたんで、覚悟して待ってたんですけど、まあわりと、二週間後くらいに決まって。『オファー来ましたぁ』って……」

「相手はいくつぐらいの人だった？」

「んー、五十代くらいでした」

「イメージでいうと、誰みたいなっていうのはある？　もしくは職業のイメージとか」

「えーっと、社長。社長でしたね」

「それはおカネを持ってるふうってこと？」

「いや、見た目はヨレヨレのシャツとかを着てたんで、社長には見えないんですよ。小太りでふつうの、どこにでもいるオジサン。優しそうな感じでしたね」

「それで、どこかで待ち合わせたの？」

「そうですね。クラブからラインで連絡があって、場所と時間を決めて……。最初はそういうふうにクラブが介入して、二回目からは互いに連絡を取り合えるんです。私の場合は最初の待ち合わせは上野のビジネスホテルの前でしたね。それで食事に行きました。

豆腐料理だったかな。後で調べると、一人五千円くらいのお昼のコースです」

「それで謝礼はいくらという話だったの？」

「えっと、交通費という名目で、男性から五千円から一万円もらえますとクラブから言われてたんですね。で、まあ、そのときは一万円もらって。それで食事が終わって、『この後どうする？』って言われて、あの、『カラオケ行くでもいいし、カフェでもいいし、ホテルでもいいんだけど』みたいな。そう言われて、なんか一万円だけで帰るの嫌だなって。エヘヘヘ。『私は別にどこでも大丈夫です』って言って……」

「ホテルに行った、と」

「そうですね」

「それはいくらでって話をつけたの？」

「そのときに、初めてだったんで交渉ができなくって、そのままホテルに行って、いたしたんですけど……いたしたと言っても、私が××（SMクラブ）のときの『痛い、痛い！』なんで、入んなくて……あっちも勃《た》ちがあんまりよくなかったんで、ほんと入んなくて。まあ、おカネはもらえたんですけど。三万円もらって。計四万円です」

「このまま帰れないというか、一万円で帰りたくないっていうのは、どういう心理だったんだろう？」

「昼間だったからかな……」

カオルは笑い声を混ぜながら言う。

「昼間に化粧して……もう、それこそめっちゃメイクして、せっかく出てきて、食事して。このまま帰ったら、一日潰れたのに一万円かって気持ちになっちゃって……」

「てことは、そこで（エッチを）すること自体に対しては、そんなに抵抗はなかったってこと？」

「そうですね」

とはいえ、その相手とのプレイ内容について、「一方的でちょっと嫌だな」と感じていたため、その場で連絡先を交換したものの、当日夜にお礼のショートメールを送って以降は、カオルのほうからフェードアウトしたという。

「その次の人は？」

「次の人は、登録してから一カ月目くらいにオファーが来ました。でなんか、四十代くらいの眼鏡をかけたひょろい、あんまりキモくないアンガールズ田中みたいな人でしたね。全然話が弾まなくて、食事の場所もフードコートのなかに入ってるレストランみたいなところで、前の人とずいぶん違うなあ、まあ別にいいけど、みたいな感じでした。それで食事が終わったあとに、『じゃあ、行こうか』って言われて、一万円くれないなあって思ったんですけど、言えなくて。『じゃあ、部屋で休もうか』ってくるから、〝マジで！〟って思ったけど、結局断れなくて……」

「ホテルに行ったわけだ」

「その人が、大阪から出張で来てるって言ってて、出張で来てるのに、これ、できなかったらかわいそうだなって思って。で、部屋でヤッて」

「そのときはちゃんとできた？」

「入るには入ったんですけど、前の人以上にめちゃめちゃ雑で、もうカピカピだったんですよ、私。全然濡れてないの。だけどゴム付けて、無理やり入れてきて、もう、超痛くて。最悪だーとか思って。私が『痛い痛い痛い』って言ってんのに、『痛い？　ハハハー』みたいな。もう、超サイコパスーって……」

「そのときはおカネはどうだったの？」

「ハイって三万円渡されて、『あ、はい』みたいな」

「食事代は無しで……」

「食事代無しで。もう、クーッて。これはもう、めちゃ後悔しましたね」

「でもさ、なんで自分から言えないんだろ？」

「いややっぱり、雰囲気、壊したくないしー。ですから、言えなかったんですけど、さすがにこのままじゃダメだーって思って、ハハ」

　辛かったことや自己否定的な内容を口にするとき、カオルはいつも微笑を浮かべ、笑い声で話す。これは、人に嫌なことや困ったことをされたときに、笑いながら「もぉー、やめてくださいよ」と断ってしまう自己防衛の心理と、同一なのかもしれない。

「でも、三人目のときは、ちゃんと言いました。フフッ」

「三人目はいつ頃？」

「先週の金曜日です」

「金曜ってことは、仕事上がりにってこと？」

「そうですね。仕事が終わった時間に待ち合わせて、で、焼肉に行って……。この人も五十代の方で、そんなに丸くなかったな。お腹は出てたけど。身長百九十くらいの、大男みたいな人でしたね」

「その人とは焼肉食べて……」

「食べて、で、すごい優しい人で、『交際タイプBって書いてあったから、一応お誘いはするけど、全然断ってもらって構わないから』って言ってもらって。私も『今日はすみません。でもとてもいい方だと思ったので、連絡先をいただいて、またお会いしてもらっていいですか？』と言って、一万円をもらって、その日はやらずに帰ったんです」

「で、それから連絡が来たってわけ？」

「いや、私のことを気に入ってくれたみたいで、その場で次回のスケジュールを決めようとなって、アポを入れたのが、昨日だったんです」

　その言葉を聞き、たしか今日の取材を始めてすぐに、カオルが昨日やったパパ活について、「もうヤダァ〜って感じになっちゃって」と口にしていた記憶が蘇《よみがえ》る。つまりはこれも嫌な思い出の話になるのかと、ある程度の覚悟を決めた。

「昨日は最初からホテルだった？」

「最初からホテルですね。金額は事前にラインでしました。『すみません、お手当ての話なんですけど、ラインでも大丈夫ですか？』って。そうしたら『こんなん大切な話なんで、全然大丈夫だよ』って。それで、『すみません。私はお部屋に入るんだったら、一回五万円欲しいんです』って思い切ったんですね。そしたら、『うーん』みたいな返事がきて、『ま、相場っちゃ相場だけど、けっこう強気な値段だねえ』ってあった後で、『でもなあ、私はいいと思ったものにはおカネはちゃんと払うタチなので、ちゃんと用意しておきます』ってきて、ヨッシャーって思って」

「で、ホテルに入ったと。どうだった？」

「んー、まあー、ふつうの、優しくなくはないけど、言うほどのことはなかった。フフフッ、とりあえず、全然大丈夫なレベルだった。ま、あんまり気持ちよくはなかったけど。ンフフフ……」

「でも、五万はくれたわけでしょ」

「くれました。最初にピッて」

当初の予想よりはずいぶんとマシな相手である。というか、私がヒドすぎる男性に慣れてしまったというべきか。そこで私は「じゃあ、これからパパ活はどうするの？」と、今後について触れた。

「パパ活ですか？　もう止めようと思って」

「え、どうして？」

「なんか、一日だったんですね。昨日。午後一時頃に会ってホテルに行って、午後六時くらいまで部屋にいて、ご飯食べて八時くらいに解散しようって言ってたので、それまでずっと一緒だったんですけど……だけど、エッチが辛くて、辛くて……」

　いきなりその話題に戻り、しかも「全然大丈夫」ではないような口ぶりになったことで、楽曲でいう転調のような変化を感じる。

「なんか無理やり、無理やりっていうか、私がぁ、ほんとに入れるの向いてないんだなって感じなんですよ。フフフ。けっこうまあ、あっちもクンニとかしてくれて、べしょべしょだったんで、わりとスムーズに入ったんですけど、奥まで入ってくると、痛いというか、苦しくて、しかもあっちがイクのが遅いんですね。で、ヴゥワァァ〜、みたいな感じになって。けど、痛がったらあっちがかわいそうってのもあるから我慢して、演技したんですけど、アハアハハハ」

　聞けば、自分でオナニーをする場合は、電マを使って十分に潤った状態になれば、挿入したバイブでイクこともあるのだという。つまり、準備次第では決して膣《ちつ》内が感じないわけではないのだ。だが、男性ではその状態にまで導く相手がいないというのが、カオルの現実だった。

「セックスで気持ちよくなれる男性とは、今後出会えるのかねえ？」

「無理でしょうね。でも、私にはシホさんがいるから」

私は「それもそうだ」と相槌を打った。すると彼女は唐突に切り出した。

「パパ活を止めようと思ったのは、昨日の帰り。もうヘトヘトになって乗った電車のなかで、バッグのなかにあるもらったおカネを見て、私、なにしてるんだろうって。そんな気持ちになって。もうダメだあ、耐えらんなーいって思って。止めようって思ったんで……。だから、しばらくはやんないと思いますけど」

「ほとぼりが……」

「ブフォッ……」

カオルは噴き出す。そして……。

「んーっ、でもやっぱりまあ、オチンチンがあ、かわいいなあーって思うんで、たまに触りたいなあ、ヌフフフ……って思うときがあるんで、だからやりたくなるときもあるかもしんないっすね」

「そうだよねえ～」と追従した直後に、ふと思いついたことを尋ねる。

「あのさあ、パパ活についてはシホさんに話してるの？」

するとカオルは、参ったなあという顔で笑った。

「ウフフ、いやや、最初は隠してたんですよね。まあでも、バレちゃってぇ。ラインの通知をたまたま見られちゃってぇ、（交際クラブの）オファーが入りました、みたいの。いやもう、ほ――――んとに運が悪くてぇ、たまたま来たオファーを、たまたま私のスマホのアラーム（通知音）が鳴ってるのを、たまたま見ちゃってぇ、もーう、超運悪かったです」

「どうなったの？」

「いや、『なんか最近、新しいこと始めた？』って聞かれて、『じつは……』、みたいな。イヤハハハハ。でもさすがに大人の関係をしてるとは言えなかったんで、『お食事だけだよ～』って。『食事だけでぇ、一万円もらえるから、いいじゃん』ってぇ……」

通知を見られたのは、三人目の男性についてのオファーのときだったそうだ。

と、ここまでを話したところで、カオルはいきなり、「あ、そうだ。もう一つやってました」と素っ頓狂な声を上げた。「え、なにを？」と反射的に私は問う。

「えっと、あの、ＡＶじゃないけど、パーツモデルみたいなことをやってました」

つまり、ここで話を出すということは、その内容は、パパ活に準ずる肉体を使ったバイトということだろう。

「裸の？」

「裸じゃなかったんですけど、なんかそういうやつをやりたーい、と思ってやったんですよ。忘れてた。そうだ……そうだ、今年の三月だったかな。パーツモデルってことで行ったんです、××（地名）に。めっちゃシモ系のAVを撮ってる会社で、オシッコをするところを撮らしてくれみたいなやつ。あと、オナラするとことか、ゲップするとことか、胸チラとか、そういうのを……」

「やった？」

「やりました。そうだ忘れてたー」

「それで結局、カオルちゃんはなにをやったの？　オシッコと……？」

「ほんとはウンチをしたかったんですけど、出なくって、オシッコをめちゃやりましたね」

　かなりマニアックな話であるが、カオルの表情に羞恥の色はない。まるで昨日なにを食べたかという報告のようだ。

「で、オシッコとあと、胸チラというか、胸フェチ用の動画みたいなのをしました」

「どういう場所でやるの？」

「小さいスタジオがあって、そこの真っ白な部屋で、いろんなシチュエーションを指定されるんですよ。最初に偽名を名乗ってなになに、何歳でーす、こういうところで働いてまーす、みたいな。で、指示書が置いてあって、いまからタイマーで何分間、とやるので、オシッコ我慢してくださいって。その前にいっぱい飲み物飲んでて、膀胱パンパンなんですね。で、そこでの指示に従っていろいろやっていくんです。オシッコを我慢してる姿をいろいろ撮る動画、みたいな。けっこう最後は漏れちゃうんですけどね、ンフフフ」

「それはなに？　脱ぐのはどこまで脱いでるのかなあ？」

「あ、全然、脱がないですねえ。パンツも穿《は》いたままです。パンツ越しにオシッコが出ちゃう」

「顔は出るの？」

「顔は出ますね。すんごいもぉ、ありえないメークをして、髪も全然変えてですけど。会社の人が言ってたのは、三百本くらいしか出ない、マニア向けのやつだって」

「本来は、ウンチまでする予定だったんだよね？」

「ウンチするとめっちゃもらえるんですよ、おカネを」

「いくらだったの？」

「オシッコだと一回六千円だとか……」

「安っ！」

「エヘヘヘヘ……」

「ウンチだと？」

「ウンチだと倍の一万二千円とか。オナラは一回三千円ですね」

カオルの口にする単価があまりに安すぎて、デフレもここまできたのかと、正直驚いた。同時に、彼女も氷山の一角だろうから、その金額でそこまでやってしまう女の子が、世の中にはある程度いるということに慄《おのの》いた。

「であと、もう一つ変なシチュエーションで撮ったのがあって、スーツみたいなのを着て、職場みたいなセットのなかで、この世界ではみんなマイボトルを持っていて、人前でそれにオシッコをするのが当たり前だ、みたいになってるんですよ。そこで私が同僚役の女の人と『××だよねー』とかふつうに立ち話をしながら、オシッコをする、みたいな」

「つまりそのときは、オシッコを我慢するのと、あと立ち話をしてオシッコをするという二本を撮ったんだ」

「あとなんか、それ以外に下着の買い取りとかしてて、写真付きだと一着二、三千円くらいで買ってくれるんですけど、それもやって……」

「その仕事はどうやって探したの？」

「それもなにか女の子向けの求人サイトで、パーツモデル募集みたいなのが、けっこうあるんですよね。で、最初に募集してたところと、ライン面接みたいなのを進めていったら、風俗だったら紹介できますって言われて、いや、それは嫌だよみたいな感じで止めて。もう一つのほうが、要するに行ったところなんですけど、ホームページとかちゃんとしてて……行ってみようかなって」

「一日仕事だと思うんだけど、結局いくらもらったの？」

「たしか二、三万円でしたね」

「顔出しで安くない？」

「そうですね。フフフッ」

　ここでもカオルは笑う。

「でもなんか、これが、この仕事が人気らしくて、なかなかこう、回ってこなくて、同じところで『チャットレディって興味ある？』って言われて、私も『あ、やってみたいでーす』とか言って、二回目、四月くらいに行って、そのときにチャットレディみたいなやつをやったんですよ」

　いわゆるオンライン会議のようなかたちで、男性客とパソコンのカメラ越しにやり取りをする仕事だ。

「どんなことをやったの？」

「なんかオナニーするところを見せる、みたいな……」

「それは全部脱いだの？」

「いや、見せちゃいけないところが法律的にあるんで、乳首まではオッケー、みたいな。

下はパンツ穿いたまま、手を入れて触ったフリしたり」

「それでいくらになったの？」

「はーでもなあ、安かったなあ、これ。三時間くらいやって、あとこのとき、オシッコ系の撮影も一緒にやっていいってことだったんですよ。それとかも一緒にやって二万円くらいの金額だったから……。チャットレディに関しては一万三千円くらいだったかな。それにオシッコと、そのときはオナラもやって、全部でそれくらい」

聞いている私も、徐々に感覚が麻痺してくる。安い、安すぎるとは思うが、まあそれもどうでもいいか、といった具合に、すべてにおいて投げやりになってしまうというか……。

「その仕事はそれ以降もやったの？」

「いやもう、その二回で終わりました……」

続けてカオルが口にしたその理由は、まったく予想もしていないものだった。

「オシッコ我慢すんのが、もうめちゃめちゃキツイんですよ」

それかい、と心のなかでツッコミを入れた。

「一回目に行ったときの次の日なんて、オシッコに行くたびに尿道が痛くなっちゃって、ンフフフ……」

「この期に及んで聞くのもなんだけどさあ、カメラの前でふだん人に見せない行為を見せるわけじゃない。羞恥心という面ではどういうふうに受け入れてたのかなあ」

「うーーん、なんか、相手があまりに遠い存在になり過ぎたら、あんまり実感がわかないんで。そんなに怖いとか恥ずかしいはないですね」

「遠い存在になり過ぎるとは？」

「んー、ふつうに風俗やると、相手がここにいるじゃないですか。だけどチャットレディとかだと、一応相手のメッセージとコメントが表示されますけど、生身の人間がいる気がしないみたいな、ンフフフ」

「チャットレディはそうだけど、動画撮影のときはスタッフが近くにいるよねえ」

「あれはちょっと恥ずかしいですねえ、フフフフ、めっちゃ言葉責めしてくるんで。『恥ずかしいねえ』とかって」

「それはなんだったんだろうねえ……」

「ブフッ、なんだったんだろうって、フフフフッ」

「まずおカネだったわけじゃん」

「あ、おカネ、おカネです。まずおカネが欲しいっていうので」

「で、いい仕事はないかって探して」

「風俗だと、性病が怖いからぁって……」

「だけどさあ、動画とかだって顔を撮られてるわけだから、一応リスクはあるわけじゃん。それはどう考えた？」

「ああ、その会社の人から、『たしかに顔は写るっちゃあ写ります。けど、ネット配信はしないで、売れて三百本の世界なんで、もう、よっぽどじゃない限りバレないと思います』って言われて、そっかぁ〜、みたいな。あと、さっきも言いましたけど、メイクがほんとすごかったんですよ。アイラインとかもめっちゃ引いて、ふだんの私とは全然違う感じだったたってのもありますね」

　すでに取材を始めてから一時間半が経過していた。事前の約束の一時間を過ぎている。ここらへんが話の打ち切り時だと考えた。

「わかった。今日はいろいろ思い出してくれてありがとう」

　それから写真撮影をすることになった。現在の服装で〝身バレ〟しないかと心配する私に対し、カオルは「大丈夫ですよ。これ、どこでも売ってるファストファッションなんで」と、相変わらず無頓着な反応を返す。

　この時点で彼女は二十四歳。十年後、二十年後にこの原稿を読んだらどんな感想を抱くのだろうか、そのことがやけに気になった。

# 第七章　育児と介護と風俗と——妊婦風俗嬢・アヤカ

三年前のこと——。都心からやや離れた郊外の駅前。車を運転する私の視界のなかに、黒いTシャツに白いカーディガンを羽織り、デニムを穿いたアヤカの姿が現れた。妊娠七カ月ということで、マタニティーウェア姿を想像していたが、最近の妊婦さんはそうでもないらしい。

「今日が体調のいい日でよかったです。なんかもう、つわりがひどくて、その日ごとに体調が全然違うんですよ」

助手席に乗り込むなり彼女は言う。ストレートロングの黒髪で、くっきりした二重の目元に彫りの深い顔立ちから、歌手のアンジェラ・アキを思い浮かべる。横に座ると大きく膨らんだお腹が目立つ。

車で駅からさほど離れていない場所にあるラブホテルへと向かった。

「へーっ、こんなところにあるんですね。この町に引っ越してまだそんなに経ってないんで知らなかった」

駐車場に車を停《と》めて受付へと進む。

「うわっ、高っ！　このなかだと、この部屋がいちばん安いですよ」

平日の昼下がりにもかかわらず、ホテルは意外と混んでいる。客室紹介のパネルを見ると、空室なのはわりといい値段の部屋ばかりだ。彼女はこちらの懐《ふところ》事情を配慮して、もっとも安い部屋を迷わず指差す。

「いやあ、気を遣ってもらいありがとう」

「いえいえ、どうせなら安いほうがいいじゃないですか」

そう言って笑顔を向ける。

彼女、アヤカと初めて会ったのはその十日ほど前。スポーツ新聞の取材で訪れた、都内の某風俗店で話を聞いたことで知り合った。同店は妊婦と、出産から間もない母乳の出る女性が在籍することをウリにしていた。そこで「子供の学費分の貯金がしたくて」と、働き始めて間もない彼女が、出産間際にもかかわらず、子供二人を連れて離婚していることを聞いた。その理由が夫によるＤＶと、夫の家族からの仕打ちであることを知り、インタビューを申し込んだのだ。

ただ、そうした事情は〝明るい〟風俗店紹介には向かないため、当初の取材で書いた記事では一切触れていない。そのため次のような記事になった。

〈長い黒髪がスタイリッシュな休職中妊婦。アヤカ（27歳、群馬県出身。T164センチB94W成長中H90）は、現在妊娠中のため産休をとっている、アパレル会社勤務の販売員である。彼女は現在、『××』で働いている。

「この店に入ったのは5月上旬です。妊娠がわかって休職したんですけど、子供のために貯金がしたいと思い、やってみることにしました」

お店でのプレイは、最初から気持ちよくなれたという。

「私って胸が感じやすいんですよ。舐められるとビクンってなっちゃいますね。それでエッチなスイッチが入っちゃう」

これまでにいちばん興奮したプレイについて尋ねたところ……。

「ゆっくり時間をかけてアソコを攻められたときは、すごく興奮しちゃいました。ただ、イキそうになると、お腹がギューーッってなっちゃうから、寸止めで我慢した、みたいな……（笑）」

ちなみに現在妊娠7カ月だそうだ。

「8月末くらいに出産予定です。妊娠してからは、すっかりセックスレスだったんですけど、安定期に入ってから、じつは性欲が増してたんですね。だからお店のプレイで楽しむようにしています」

風俗で働く時間について、周囲にはなんと説明しているのだろうか。

「一応、この時間は派遣の仕事に行ってると話してます。とくに疑われてる様子はないですね。ただ、『家でじっとしてればいいのに』って体の心配をされたときは、少し罪悪感がありました」

プレイ中、お客さんにはよくフェラについて褒められるらしい。

「上手だって言われます。あと他には、『会ったときの印象とベッドの上での姿が違うね』とか……」

現在の仕事はいつまで続けるつもりだろうか。

「いまのところ、7月末くらいまでと考えてます。出産後に母乳系の風俗の仕事をやっちゃうかどうかは、まだ未定で〜す」〉

記事には二十七歳と書いたが、アヤカの実年齢は三十一歳。小学生の子供が二人いる。その父親である男性とは、数年前に離婚しており、子供を引き取った彼女は、今春から新たな男性と一緒に暮らしていた。二度目の取材でわかったことだが、お腹のなかにいるのは、その男性との間にできた子供だったのだ。

「もう、私以上に子供たちが彼に懐いてるんです。それで妊娠がわかってから同居を始めました」

ラブホテルに向かう車中で、そんなことを聞いていた。

「ではまずは、アヤカさんのご実家についての話から伺いたいんだけど……」

部屋に入った私が切り出すと、彼女は「いいですよ。でも、私って自分の（実の）父について知らないんですよね」と口にした。驚く私を前に彼女はこともなげに語る。

「母が結婚せずに私を産んだんです。実父にも会ったことないし、父が違うとわかったのは二十歳を超えてから。結婚するときに戸籍が違うって気づいたんです」

ソファーに横並びに腰かけた状態で、私はメモを取る。

群馬県に住んでいたときに、父親だと思っていた男性は、彼女が三歳から二十歳になるまで実母と結婚していたが、男性の不倫が原因で離婚したという。現在、実母は新たな相手と再婚しているそうだ。

「私は三姉妹のいちばん上で、下に二人の妹がいるんですけど、妹たちはその父親の子供でした。だからでしょうけど、私だけ中学に入ったくらいの時期から、虐待を受けてたんです」

思わずぎょっとした。すぐに思い浮かんだのが、性的な虐待だったからだ。しかしそのことを問うと、アヤカは首を横に振る。

「性的なことはありませんでした。ただ、妹たちとの間に明らかな差別があったんです。

たとえば家族で出かけるときに、父から『お前、本当は連れて行きたくないんだからな』って言われたりとか……」

その〝父〟は、ごくふつうの会社員だったそうだ。

「田舎ですけど家を建ててましたから、ちゃんと収入はあったんだと思います。私も私立の中高一貫校に通ってましたし……。ただ、当時の私って太ってたんですね。それを家で馬鹿にされたり、邪魔者扱いされたりで、自律神経失調症になっちゃって、病院に通って薬を飲んだりしてました」

〝父〟のいる家に帰りたくないとの思いが、アヤカを〝とある行動〟に走らせた。

「中学二年くらいから、いろんな人の家を泊まり歩くようになったんです。初体験はそのとき。それ以降もいろんな人の家に行きました。友だちの友だちとか。もう、泊めてくれるなら誰でもよかったんです」

当然ながら、泊まり先を提供してくれた相手から、肉体関係を迫られることも少なくなかった。そのときは「しょうがない」と受け入れていたという。私は聞く。

「その時期に、特定の誰かだけって感じで、付き合った男性とかはいなかったの？」

「うーん、二十歳でできちゃった結婚をした前の夫までは、そういうのはないかな」

つまり、彼女の中高生時代は、〝行きずりの関係〟ばかりが重なっていたということだ。それを語るアヤカの口調は落ち着いている。だが、当時の心中が決して穏やかでなかったことは、容易に見てとれた。というのも、彼女の腕にリスカ（リストカット）の傷痕が残っているのに気づいたからだ。私が指摘すると、アヤカはすんなりと明かす。

「これは高校一年の前後に集中してつけた傷なんですけど、やってるときは、完全に無意識なんですよね。ボーッとしていて、気づいたら手に刃物があって、血が出てた、みたいな……。もう、カッター、ハサミ、カミソリとか、いろいろ使ってました。親からは『なにやってんだ、お前！』って言われましたけど、『わかんない』と答えてました」

つくづく思春期における〝居場所〟の大切さを感じてしまう。しかしその後もアヤカの予期せぬ人生は続く。

「高校を出たら看護系の学校に行きたかったんですけど、その時期に父の不倫が原因で、両親の間で離婚騒ぎが起きたんです。それで母を独りにするわけにもいかないから、私は進学を諦めて就職しました」

長女としての責任感がそうさせたのか、高校を卒業したアヤカは、大手電機メーカーに勤めて事務の仕事に就く。

「父と別居した母は、スナックで働き始めました。会社に勤める私は、給料が二十万円くらいあったので、その三分の二を家に入れていました」

その勤務先で、彼女は前夫と出会う。

「同じ会社で私と接点のある、十二歳年上の人でした。年上だから落ち着きがあって、私も気持ち的に楽だったんですね。とくに外見の好みとかってなかったので、一年くらい付き合ってたら子供ができて、結婚しました」

年上の相手を選んだことについて、私が「やっぱり父親的な部分を求めてたのかなあ」と漏らすと、アヤカは黙って頷く。そこで私は「でも、その年上の夫がDVをするようになったんだよね」と言葉を足した。

「まあ、殴ったりとかではないんですけど、乱暴な物言いとか、体をかなり強く引っ張られたりとか……」

「なにかきっかけがあったの？」

「向こうの母親から『子供が生まれるし、長男だから帰って来れば』って言われて、上の子を産む前に、向こうの実家で同居するようになったんですね。それで、数年間は何事もなかったんですけど、下の子を妊娠するちょっと前から、夫が変わっちゃったんです。下の子ができたときも、半分無理やりやられたって感じでしたから……」

聞けば、当時の夫の父親も実父ではなく、母親の再婚相手だったという。

「それで、夫とお父さんは仲が良くなかったんですけど、私はそのお父さんとは仲良くしてたんですよ。好きな野球チームの試合を一緒に見に行ったりとか、二人で飲みに行ったりとか……。それが気に食わなかったのかもしれないですね」

また、夫の母親からも冷たく当たられたのだそうだ。

「家でのおカネの管理は、彼のお母さんがすべてやってたんですね。そこで生活費を一切貰えなかったんです。子供のおむつ代やミルク代とかも貰えないので、自分の貯金を切り崩していました。私の母の再婚相手が、ビルメンテナンスの仕事をやってるんですけど、それを時々手伝ったりして、おカネを貯めていたので……」

アヤカが「子供の物を買うおカネがないんです」と訴えても、義母からは「仕事すれば」と言われるだけだった。その際に夫が庇ってくれることはなく、彼女が先に挙げたDVを繰り返すようになる。

やがてその夫は何日も家に帰らずに、車で寝泊まりをするようになった。そしてようやく家に帰ってきたときに、無理やり性交渉を迫られ、下の子を妊娠したとアヤカは語る。彼女は実家に逃げ戻り、親権でもめた末に、やっとの思いで離婚が成立したというのが、一連の流れだ。

「下の子を産んでからは、生活をなんとかしなきゃって必死でした。そのとき私、人妻系のデリヘルで働いたんです。初めての風俗ですけど、もう、おカネが稼げるならそれしかないって。高校のときの友だちで、風俗の仕事をやってる子がいたんで、お店のこととか、お客さんの様子なんかを聞いて、やることにしました」

「それしかないとはいえ、抵抗はなかった？」

「私って初体験が早かったし、あんな生活だったでしょ。だから自分の体って、そんなに重要じゃないと思ってるところがあるんですよ。仕事だと割り切ったら、なんでもやれるって……」

　仕事だと割り切った人妻デリヘルの仕事は、二年ほど続けた。

「働き始めた当時、下の子を産んでそんなに時間が経ってなかったので、母乳が出てたんですね。それが珍しいってウケて、それなりにお客さんがついていました。そうしたお客さんのなかには、『外で会おうよ』って言ってくる人とかいたんですけど、ヤリたいがための言葉だと思っていて、付き合ったりすることはなかったですね」

　アヤカが風俗を辞めるきっかけとなったのは、アパレル関係の仕事が見つかったからだ。

「もともと、風俗はずっとできる仕事じゃないと思っていたので、昼間の仕事を探してたんです。そうしたら、運良く仕事が見つかったので、きっぱりと辞めることができました」

　アパレルの仕事をしているときに、友だちを通じて出会った、現在の同棲相手と交際を始めるようになった。

「彼は年下でお堅い仕事をしています。友だちの友だちだった人で、たまたま会って、同じ携帯ゲームをしてたことで話が合って、付き合うようになったんです。真面目で優しい人だし、妊娠がわかったときには、『結婚しよう』と言われました。でも、いまは私にその気がないんですよ。一回離婚してるし、結婚はちょっといいかなって」

スポーツ紙の原稿では、勤務先のアパレル会社で産休を取っていると書いたが、現実のアヤカは、妊娠がわかった段階で、販売員の仕事を続けるのは難しいからと退職していた。

「上の子の学校にかかるおカネをどうにかしなきゃと思って、バイトを探してたんですけど、妊娠していると、なかなかふつうに働けるところがないんです。それでいろいろ見ていたら、妊婦でも風俗の仕事ができるんだと知って……」

週に三日程度出勤し、一日に多くて三人くらいの客を取っている。

「この仕事を始めてからの稼ぎは、十一万から十二万円くらいです。子供のプール用の水着を買ったり、林間学校の費用に遣ったりしました。肝心の貯金はまだ少ししかできていませんけどね」

稼いだおカネを、本当に子供のためにしか遣っていないというのは、彼女の質素な身なりと、素朴な口ぶりで理解できる。

「妊婦ということで、もし出産に影響があったらとか、そんなことを考えたりしない？」

「もちろん心配はありましたけど、それしか仕事がなかったから……。あと、お客さんも私が妊婦ということで、意外と気を遣ってくれるんで、そんなに乱暴に扱われるということはないですね」

「さっき、初めて風俗の仕事をやったときの話で、自分の体をそんなに重要じゃないと思うって口にしていたけど、性行為に嫌悪感を抱いていたりはしない？」

「うーん、セックスはそれほど好きではないですね。しなくて済んだらそれでいいし、向こうがしたいなら、してもいいって感じです。まあ、好きな相手とくっついているのは好きなんで、その延長線上っていうか……嫌ではないですけど、自分からガツガツということはないですね」

「セックスでイクとかはある？」

「まあそこは、触られると勝手にイクものだと思ってます。だからイッたりすることは何回もありますよ。あと、ムラムラすることもありますし……。でも、そこまで積極的でなくてもいいかなって……」

私は、出産後の仕事はどうするつもりか尋ねた。

「子供の首が据われば託児所に入れられるんで、なにかバイトをしようかなとは思ってますね。スーパーの品出しとかの、あまり時間のかからないやつ。ただ、いまの店のスタッフからは、『母乳（風俗）はウケるよ』とも言われてて、迷うところなんですよね。本心ではあまりしたくないんですけど、ただ、稼げるんだよなーって。それに風俗って、時間の融通が利くじゃないですか。子供の学校行事には参加したいので、風俗の仕事だったら行事に出られるよな、とか……」

ここまでを口にしたアヤカは「ただ……」と言葉を続ける。

「子供が大きくなったときに、親が風俗してるとわかったら、どうなのかなとは思うんですよね」

「やっぱり罪悪感はあるわけだ」

「いや、現状では罪悪感はそんなにないんですよ。やっぱりあくまでも仕事だから、店でやってることは演技かなって思うし」

事前にアヤカと約束していた取材時間は一時間。そのなかには写真撮影も含まれている。そろそろ取材を終えようと考えたところで、ふと、聞き忘れていたことを思い出した。私は切り出す。

「そういえば、アヤカさんって、お母さんに対しては、いまはどういう感情なの？　たとえば〝お父さん〟にアヤカさんが虐待を受けていたときに、止めるでもなく見て見ぬふりをしていたわけだし、その後も会社勤めをしているときには、給料の三分の二を家に入れたりとか……」

「まあ、昔のことは、母もしょうがなかったのかなって思います。妹も小さかったし……。だから恨みとかはないですね。逆に育ててもらったことに感謝しています。いまはうちの子供も可愛がってもらってますしね」

その言葉を聞き、母親とはすごいな、と素直に感じた。改めて説明するまでもないが、ここでの母親とはアヤカさんのことだ。現在は己の体を張って子供に全力を注ぎ、過去の自分に苦悩をもたらした母親を赦《ゆる》し、それどころか感謝までしている。

たしかに一度は結婚で間違えたが、彼女は決して同じ轍《てつ》は踏まないだろう、そんな気がした。

*

その三年後、である。

過去を知る私の取材をふたたび受けてくれるかどうか、不安な気持ちを抱きながら、私は再取材の依頼を、アヤカのラインに送った。

〈おはようございます。ご無沙汰してます。じつは今妊婦で、ご期待に添えるかどうか……〉

そうした書き出しで始まる返信が、送信の翌日に届いた。なんと、アヤカは前回の取材時と同じく妊娠していた。あのときの子供の次ということであれば、彼女にとって四人目の子供ということになる。詳しく触れられていないが、父親は誰なのだろう。前に話していた、三人目の子供の父親なのだろうか。

幾度かのやり取りを繰り返し、取材の承諾を得ることができた。彼女が指定した待ち合わせの場所は、前回と同じ郊外の町である。

妊娠中ということで気を遣い、待ち合わせ場所を駅前ではなく、より彼女の住まいに近いコンビニの駐車場にした。

当日、アヤカは白地のTシャツに、グレーの柔らかい生地のスカートという姿で現れた。前回と変わらず質素な姿だ。ただ、異なるのはマスクをしているということ。コロナ禍のもと、妊娠中ということであれば、普段以上の警戒が必要である。そんななかで取材を受けてくれたことには感謝しかない。

「ご無沙汰してます」

「いやあ、ご無沙汰です。しかもまた妊娠中とは……」

「ははは、本当ですよねえ。小野さんから連絡をいただいたとき、なんでまたこのタイミングでって思いましたよ」

車内でそんな話を交わしながら、前回と同じラブホテルを目指す。この場所からもそう離れていない。アヤカによれば、今日は小さな子供は母親のところに預けてきたとのこと。上の子供たちは学校に行っているそうだ。

ホテルに着くと、前回と違い、わりと安価な部屋が空いていたのでそこを選択。部屋へと向かう。前の取材でもそうだったが、外見で明らかに妊婦だとわかる女性とラブホテルに入るとき、どうか別の客に会いませんように、と小さく願ってしまうのは、やはり背徳感があるからだろうか。

「ちなみに、いまは妊娠何カ月なの？」

「ええっと、四カ月です」

ソファーに座ったアヤカは答えた。そこで私は不躾《ぶしつけ》な質問をぶつける。

「あの、お父さんは同じ方？」

「ははっ、そうですね」

その答えに胸を撫で下ろす。たしか子供たちが懐いていると聞いていたから、別れていたりしないか心配だったのだ。アヤカによれば、上の子が十四歳、次が九歳、いちばん下がもうすぐ三歳だという。ちなみに彼女自身は三十四歳である。

「前にお会いしたとき、いちばん下の子のお父さんとの結婚については消極的だったけど、いまも入籍はしてないの？」

「しましたしました。もうほんとに生まれる直前に……」

つまり、前回のインタビューの二カ月半後に入籍したことになる。当然の如くその真意を尋ねた。

「まあ、向こうから改めて結婚しようと言ってきて、こちらも拒否する理由はなく、ってところですかね」

その後の彼女の約三年間について、私はまったく情報を持っていない。そこでストレートに切り出す。

「ところで、前回の子を出産して、それ以降って風俗との接点はありました？」

「あ、ありました。産んで一年くらい経ってからかなあ……」

私は頷く。

「ほんとコロナの騒ぎが始まるまでって感じです」

「てことは、今年の春先までってことだよね」

「そうですそうです。さすがにちょっと、コロナをもらうのは怖いんで」

「それは場所はどこで？」

「えっと、××（地名）です。そこの人妻店ですね」

彼女が挙げたのは東京都内ではない、首都圏の歓楽街だ。

「出産から一年後くらいに思い立ったのは、なにかあったから？」

「おカネを稼ぎたいなっていう……ははっ」

最後の笑いは明らかに照れ笑いだ。アヤカは続ける。

「ちょっとだけその前に、パートもやったんですよ。ただ子供が『調子悪くなったんで迎えに来てください』っていうのが、わりと続いちゃったんです。それで、『そういうのは、ちょっとどうかな？』って、職場の人に言われちゃって……」

「なんの仕事をやってたの？」

「スーパーの品出しのバイトですね」

まさに、前回口にしていたことを、有言実行していたわけだ。だが、そこには子供の調子が悪くなることまでは、織り込まれていなかったということか。

「それでスーパーに居られなくなって、次に風俗の仕事をするってことに、抵抗はなかった？」

「正直、あんまりなくって……」

「あ、じゃあわりと簡単に、風俗しようってなったの？」

「パートがダメだから、でもおカネが欲しいからやろうって。やっぱり、時間に制限がない、早退しても怒られないっていうのは、魅力的なんですよね」

「前は都内だったけど、今度は××を選んだのはどうして？」

「あの、デリヘルじゃなくて、今度は店舗型の店が良かったんですね。で、探したら××にあったんで、面接を受けて入ることにしたんです」

「なんで店舗型にしたの？」

「あまり出歩きたくなかったんで……」

「ああ、ホテル街とかを……」

「そうですね……ふふっ」

「それはたとえば結婚したからとか？」

「うーん、結婚したからとかではなくて、前にやってたとき、ホテル街へ向かうときに、やっぱり途中で人混みとかを通るじゃないですか。それが嫌だなあって思っていて……」

「内容はデリヘルと同じ？」

「そうそう。同じです」

つまり、本番を除く性的サービス全般ということだ。

「店にはどれくらいの割合で出てたの？」

「週に三日、四日くらいです」

「そうすると、だいたい月にどれくらいの収入になる？」

「そうですねえ、あんまり長時間は出てなかったので、一日に二、三万円ですね。月にすると三十万円いかないくらいです」

一日の仕事時間は五、六時間だったそうだ。

「だいたい朝の十時くらいに出勤して、午後三時、四時には帰ってましたね」

気になったことを尋ねる。

「久しぶりに復活してみて、最初にプレイしたときって、どうだった？　どんな感想を持った？」

「う――――ん、そうですねえ、なんていうか、久しぶりって感じっていうか……」

「プレイで気持ちよくはなれたのかな？」

「いや、そんなにはなんなかったですね。前と変わらないっていうか、仕事としてこなす感じです」

「前は妊婦さんだったから、体に影響はないかって心配だったと思うんだけど、その点での不安材料が消えたことによって、なにか心理的な変化とかってあった？」

「そうですね。お腹に気を遣わなくていいっていう、その点では楽でしたね」

アヤカによれば、前に働いていた都内のデリヘルと、××にある店舗型ヘルスでは、客層が違うらしい。××のほうは値段の安い短時間コースがあるため、比較的若い学生などが多かったという。

「若い客層と、そうでない客層だと、どういう違いがあるのかなあ？」

「なんか、若いお客さんって全部任せるって傾向がありますね。だから私がいろいろ動いていました。逆に慣れてる年配のお客さんは、向こうからガツガツ来る感じで、積極的に攻めてくるんです」

「どっちが楽とかってある？」

「それは、私に任されるほうが楽でしたね」

「つまり、攻め続けられるほうが辛いってことだよね。たとえばオモチャを使われて、何回もイカされたりとか……」

　その昔、風俗嬢のインタビューでよく耳にしたのが、大人のオモチャのなかでも、電マを使ったプレイについてのこと。彼女たち曰く、「抗《あらが》いようがなく、機械のようにイカされてしまう」との意見が多かったことを思い出す。だが、アヤカから返ってきた答えは少々違っていた。

「じつは私、正直なところ、ほぼイカされたってことはなくって、ふりをしてるってい う……ふふふ。まあでも、けっこう何回も来てくれるお客さまだと、コツをつかんでくるらしくて、そうするとイカされちゃいましたけど、その場合も、なんかイッちゃった、って感じくらいですね」

　注釈を加えておくと、ここでの「なんかイッちゃった」との声色は、軽く舌をペロリと出すくらいのニュアンスだ。

「やっぱりイクふりをするのって、体の負担を減らすため？」

「そうですね。あと相手が喜ぶから」

　即答、である。

「それって、いつ頃身につけたの？　前の妊婦さん時代？」

「ふふふ、その頃ですねえ」

「妊婦さんのときも、お客さんのなかには、イカせようって人がいたわけだ」

「多くはないけど、いましたね」

これまで薄々とは気づいていたけれど、世の中には限りなくインモラルな欲望が潜んでいることを、実感させられる。

ここで私は質問を変えた。

「あの、ところでこの春先までやっていた、風俗での仕事の時間については、いまの旦那さんにはなんて説明してたの？」

「派遣に行ってると話してました」

「派遣とは？」

「派遣の仕事には、これまでいろいろ行ってたんで、事務やったりとかって、適当に言ってました」

「罪悪感はあった？」

「多少はありましたね。とくに嘘の仕事の話をしてるとき。それとか、子供と遊んでるのを見てるときとか……」

「そういうときに、どういうふうに感じるの？」

「なんか、ちょっと、べつに犯罪をしてるわけじゃないんですけど、風俗だしなぁって思います」

「だけどやっぱり仕方ないって思いは？」

「おカネ稼ぎたいって思いはありますね」

やはり、そこでどれほどの金額を手にすることができるのかについて、〃知ってしまった〃ということは大きいのだろう。関係をきっぱりと断ち切るのは、並大抵のことではないと思う。

「ところで、風俗での収入はどういうことに遣ってた？」

「えっとー、ほぼ遣わずに……。子供にかける費用以外には遣わずに、ほとんどとってあります」

「貯金して？」

「そうです。ふつうに自分の口座に入れてますけど、それは家で使う口座とは違うので、バレようがないやつです」

前からそうだったが、彼女が風俗で働くことの主目的というのは、子供のためであって、すべてにおいて自分のことは二の次なのだ。だからこそ私も、単純に倫理観を振りかざすようなことはしたくない。

一昨年《おととし》の年末、群馬県にいるアヤカの母親は脳出血で倒れたそうだ。

「それで実家に帰って、リハビリに連れて行ったり、話したり、家事手伝ったりっていうのを、それこそ今回のコロナ騒ぎが起きるまで、ずーっとやってて……」

「てことは、実家の母親の世話と風俗での仕事を並行してやってたんだ」

「そうですそうです。風俗行かない日は実家に帰って、みたいな。だいたい週に三日、四日は行ってましたね」

「実家に行くのは日帰り?」

「そうです。子供を保育園とか学校に送り出して、それから実家に行って、夕方前に戻ってくるって感じです」

「実家までってどれくらいの距離?」

「えーっと、高速で飛ばして片道二時間くらいです」

「はあーーっ、大変だあ」

「もうあっという間に、一日が終わっちゃいますね」

母親は再婚相手と、アヤカの上の妹との三人で住んでいるそうなのだが、同居する二人は仕事が忙しく、半身に麻痺が出ている母親の面倒を日中は見られないという。彼女はそうした話を、窮状を訴える口調ではなく、淡々と語る。

「それで、四月、五月に子供の学校がコロナで休みになってた時期は、子供たちを全員連れて、ずっと実家に帰ってました」

「旦那さんだけがこっちに残って?」

「そうですね」

「ちなみに、お店のほうはどうだったの?　コロナのその時期って閉めてた?」

「いや、やってたと思います」

「つまり、その時期は自分から休むと店に伝えたわけだ」

「コロナ怖いんで、しばらく休みますって……。その前にちらほら出始めた頃から、お店には相談してたんですね。で、三月後半にはもう行ってなかったから……」

「五月に緊急事態宣言が解除されたけど、それでも店には復活してないんだよね」

「そうですね。××（店のある地名）でもコロナが出てますんで」

もともとぜんそく持ちで、妊娠がわかったのは四月の後半だったそうだが、そのことも重なって、コロナを恐れる気持ちが強いのだと話す。

「ところで、四月、五月は旦那さんを家に残していたわけだけど、不満とかは出なかった？」

「それはまったくなかったですね」

「お父さんが違う上の子二人とも、分け隔てなくうまくやってる？」

「私が見る限りではまったく同じように扱ってますね。その点は大丈夫だと思います」

「結婚後に旦那さんの態度に変化が現れたりとかもない？」

「それもないです。ふつうに変わらずに……」

「それはよかった。ふつうでいられるのって大切だよ」

「おかげさまで、いまのところ結婚しないほうがよかった、と思うことはないですね」

前の夫で苦労したことを知っているだけに、アヤカがいい相手と一緒になったことが、素直に嬉しかった。

そろそろ事前に約束した取材時間の終わりが近づいてきた。私はなにか聞き逃したことはないかと頭を巡らせる。

「あ、そうそう。コロナまで勤めていた店についてなんだけど、そこでの仕事でなにか苦労するようなことってあった？」

「うーん、なんかプライベートについて尋ねてくる人が多くて、それはイヤでしたね。まあ、それこそ本当に人妻なのかということに始まって、家族が何人いるのかとか、旦那さんはどんな人だとか、あと、どこらへんに住んでるのかって聞いてくる人もいましたね」

「うわっ、そんなこと答えようがないじゃん」

「そうですよね。私も、言うわけないでしょ、とかって思ってて、ははは」

「やっぱりああいう人妻系の店に来る人って、相手の女性が人妻だってことに興奮するんだろうね」

「結婚してるほうがいいって言ってましたね」

「そういうお客さんを、どういう目で見てた？」

「そういうものだと思って見てました……うふっ、なんて言ったらいいんだろう。そういう生き物だと思って見てました、かな。誰かの物が好きな人？　べつに好きとか嫌いとかイヤっていうのでもなく、いろんな人がいるなあって……」

そこでふと、はたして彼女は、風俗の仕事を復活させることはあるのかと考えた。

「あのさあ、まあいまはコロナのことがあるし、妊娠してるから、出産するまでは風俗に戻らないと思うけど……」

「ああ、そうですね」

「だけど出産して、またしばらくしたら復活とかってある？」

「う――――ん、いずれはあると思いますけど、ちっちゃい子が二人になるからぁ、ふふふ。どうなるかなあ、とは思いますけど」

「いまは結婚していて、どうしても風俗で稼がなければっていうのはないわけだよね。そうしたなかで、個人的に必要になるのは、〝なにに遣う用〟のおカネなのかなあ？」

「まあ、いまは旦那の収入でやってはいけてますね。だけど自分の携帯代とかは自分で払ってるし、あとは子供たちを散髪に連れて行ったりとか、それから、実家まで往復するのに高速代がかかるんです。それが七、八万円かかるから、やっぱり全部で月に十万円くらいは欲しいかなって……」

出産するまでは、これまでの風俗の仕事で貯めた貯金を切り崩していくそうだ。

「そういう意味では、風俗って、あってくれて助かったとか思ったりする？」

「それは思いますね〜」

実感を込めた肯定の言葉に続けて、アヤカは言う。

「正直、風俗で働いてる子のなかでは、困ってないほうだと思ってるんです、私は。ふつうに生活できてるんで。ただ、あっても困らないってことでおカネを貯めていけるから……。やっぱり女の子たちの話を聞いてると、子供がいて、どうすることもできないって子がいるので……。そういう子たちは、コロナだろうがなんだろうが、しなきゃいけないわけで、だからそういうことを考えると、(風俗が) なくなっちゃうのは、困っちゃいますよね」

「それは××の店で聞いたの?」

「そうです。基本的には自分の個室で待機なんですけど、お客さんがシャワーを浴びている間に、女の子が待つ部屋があって、そこで他の子と一緒なんですね。そのときにいろんな話をするんで……」

「どういう子がいる?」

「えーと、ギャルみたいな子もいるし、ふつうのママさんみたいな子もいるし、ただやっぱり子供がいる人が多いから、子供の話になりますよね。『修学旅行のおカネもかかるからね。とっておいたほうがいいんだよ』とか。あと、ひたすら他の女の子の話をする子もいて、『あの子は本番をウリにしてるから、あの子には勝てないんだよ』とか

『あの子とスタッフさんはデキてるから』みたいな話もあります。それからさっき言ったような、子連れのシングルマザーとか、自分の学費を稼いでるっていうような子もいました。そのシングルマザーの子は、『コロナが怖いけど、頑張らないと』って言ってましたね」

まさに人間模様のるつぼである。アヤカがふたたびその世界に戻るかどうかは、まったく、いやたぶん未定である。私は「最後に」と前置きして質問した。

「これから風俗に戻る確率は何パーセントでしょう？」

「えーっ、二、三十パーセントですかねえ」

他の子にくらべて〝困ってないほう〟だという彼女の口からは、予想よりも低い数字が返ってきたのだった。

# 第八章　九〇年代の女子大生風俗嬢・ミホの現在

二十年という歳月について考える。

人間であれば誕生から成人式が行われる年までの間となるわけで、途中にはいくつもの大きな変化がある。

なまなかではない時間だ。

私が初めてミホと出会ったのは二十三年前。当時、私は三十一歳のフリーライター、彼女は二十歳の大学二年生だった。

知り合った場所は東京・五反田《ごたんだ》にあるマンションヘルス。本番を除くほとんどの性行為を提供するその店で、私は取材者として、彼女は被取材者、つまりその店で働く風俗嬢として、言葉を交わしたのが始まりである。

身長百五十センチメートルと小柄ながら、メリハリの利いたスタイルの持ち主。ショートヘアにほぼノーメイク、クリッとした大きな瞳がくるくる動く、活発で物怖《ものお》じしない印象の女の子だった。

当時、学生の風俗嬢を探していた私に対し、店側は彼女を早稲田大学在学中の女の子として紹介してきた。通常、学生証の確認を行うのだが、「彼女、学生証を見られて本名を知られるのを極端に嫌がってるんですよ」との店長の言葉を鵜呑《うの》みにして、結局そのまま記事にした。

それが嘘だったということがわかったのは、彼女のノリの良さに心を動かされ、個別に二度目の取材を申し込んだときのことだ。

「ごめんなさい。自分の素性がバレるのが怖くて、小野さんに嘘をついてたんです。本当は××大学の学生なんです」

電話口でミホは素直に謝った。彼女が口にしたのは、偏差値では早稲田大学と変わらない、有名私立大学の名前だった。事実、彼女は大学受験で早稲田大学にも受かっていたが、現在の大学を選んだのだという。虚偽の説明はよくあることだし、みずからすぐに訂正した彼女の態度には清々《すがすが》しさを感じた。

以来、ミホには××大学の現役女子大生として、多くの取材に協力してもらった。そのなかには、名門大学の女子大生ばかりを集めた、週刊誌上でのヌードという企画もあった。

それは早・慶・上智など、複数の大学の現役女子大生にヌードになってもらい、顔写真と生年月日の一部ならびに、名前と学生番号を消した学生証とともに、グラビアページで一堂に会するというもの。ミホはそこに実際の大学名で登場することを快諾。××大学の現役女子大生として、顔の一部を隠して誌面でヌードを披露している。

現実の大学名を出すことは、先の風俗店取材での「素性がバレるのが怖くて」という点と矛盾するのではとのご指摘もあるだろう。だが、風俗店取材の場合は記事に店名を記す必要があるため、大学名を出せば、その学校の関係者が来店することで、素性がバレてしまうリスクがある。一方でグラビアに関しては、編集部からの情報漏れがない限りは、秘密を守り通すことができる。そうした信頼から、彼女も出演してくれたのだ。

名門大学に通いながら風俗の仕事を続けるミホには、当時何度も話を聞いた。彼女が風俗の仕事を始めたのは私と出会う一年前。大学一年生のときだ。当時の彼女は入店のいきさつについて、こう話している。

「うちの店ってさあ、もともとはカメラマンが始めた撮影スタジオなのね。で、私が雑誌を見てるときに、ヌードモデル募集って記事を見つけたのが直接のきっかけなの。最初は自信がなくて、これってよっぽど可愛い子じゃないとダメなのかな、とか思って面接に行ったんだけど、そこで『君は可愛いから大丈夫』なんて言われちゃって、調子にのって入ることにしたのよ」

このように〝タメ口〟で話すミホは、入店時、人前で裸になることには抵抗がなかったという。

「なんといってもギャラがよかったから。三十分で九千円だったし。そういうわけで、プライベート用ヌードのモデルをやってたんだけど、いつもお客さんがいるわけじゃなくて、けっこう待ちぼうけが多かったのね。それで二カ月くらいしたら、そこに所属する女の子たちが働く風俗店を始めるって話が出てきて、私も他に時給のいい仕事を探してたんだけど、なかったもんだから、じゃあ、やってみようかなって感じで加わることになったの」

ただし、ミホはヌードモデルを始めた当初は、風俗での仕事をするつもりはなかったと語っている。

「モデルの件でスタジオに最初に面接に行ったときに、『稼ぎたいなら風俗を紹介するよ』って言われたんだけど、『いや、私はいいです』って断ったくらいだから……」

じつはミホは高校時代に援助交際を経験していた。しかし、「援交も高校を卒業した時点で一緒に卒業って感じだった」ということで、一旦は距離を置いていたのである。

しかし、ヌードモデルの仕事を始めるにあたって、「それまで援交をやってたわけでしょ。セックスせずにすんで、ただ裸になるだけでおカネがもらえるんなら、別にいいやって感じだった」との発想が生まれ、抵抗なく裸の世界に飛び込んでいる。その流れでの風俗への転換だった。つまり、風俗の仕事に就くことの礎《いしずえ》は、高校時代の援助交際経験にあったというわけだ。

風俗時代の話の前に、まずは彼女の援助交際経験について触れておこう。ミホは言う。

「最初は高二のとき。うちの教育方針で親は余分なおカネを全然くれなかったから、とにかく自分の自由になるおカネがなかったのね。で、立ち食いソバ屋とかティッシュ配りのバイトをしてたんだけど、それは友だちとの食べ物代とかで終わってて、みんなで約束したスキーに行くおカネが全然作れなかったの。それでどうしようって悩んだ末だったのね」

時代は一九九〇年代半ば。まだバブルの残滓《ざんし》が世間にはたくさん転がっていた。ミホは当時、見知らぬ男女の出会いのきっかけとして使われていた〝伝言ダイヤル〟を使って、援助交際相手を募集したそうだ。

「三十歳くらいのごくふつうの人が来たのね。そのときは、ああ、本当にこうやって来る人がいるんだってびっくりした。おカネは、当時は女子高生の売り手市場だったから六万円だった。覚悟は決めてたんだけど、いざやり始めると、早く終わって〜って叫びたい感じで、もう完全にマグロ状態。終わってからシャワーを念入りに浴びて、ゴシゴシ体を洗った。なんか、自分がすごく汚れた感じがしたんだよね」

ちなみにミホの初体験は中学時代。相手は同級生だったが、中三で彼に失恋したあとは、塾で彼女を教えていた二十六歳の講師と、高校時代の半ばまで交際していた。そんな彼女、最初の経験で懲りたはずだったが、高額収入の魅力には抗えず、高校卒業までの間は、おカネが必要になると援助交際をやっていたと告白する。

「この経験でセックスに対して醒《さ》めちゃったってのはあると思う。男は単にやりたいだけなんだ、相手は誰だっていいんだって思っちゃったから。ただ、それなら援交をやってる私ってなに？　って葛藤はあった。あのときのことを思い出すと、なんかすごいイヤ〜な気分になるんだよね。いま、私は風俗やってるけど、それでもやっぱ、コギャルの小遣い稼ぎの援交って、なんか納得いかないの。自分もやってたくせに、風俗とは全然違うなって思うの。風俗ってなんか働いてる〜って気になるんだよね。だけど援交はそうじゃないから……」

そう語ったミホは、もう少し具体的に説明して欲しいと迫る私に対し、次の言葉を口にしている。

「そのことを人に話せる、話せないで違うんじゃないかなあ。風俗だと仕事場に同僚の女の子がいて、仕事のことやお客さんのことをあーだこーだって話せるでしょ。店員さんもいるし。だけど援交は自分一人で秘密にすることだから、まわりの友だちとかにも言えないじゃん。だからだと思う」

私はその発言に対し、風俗についても彼氏や友だちなどに言えないこともあるのではないかとの疑問を呈した。ミホは頷き呟く。

「私も風俗を始める前は、嘘をつけないバカ正直な子だったんだけど、いつの間にか嘘をつくことが平気になってきてるんだよね」

そして続ける。

「そうなんだけど、彼氏や友だちに嘘をつくことの嫌さよりも、短時間でおカネを稼げるほうを選んだんだよね。うん、きっとそう」

当時、彼女には大学の二年先輩で社会人になったばかりの彼氏がいた。そしてその彼氏には、風俗の仕事を隠し通せるだろうことに自信を持っていた。

「だって上手に嘘ついてるもん。半分だけ本当のことを言うの。五反田にある事務所でバイトしてるって。そうしたらまるっきり疑ってないから……」

そのように、取材時はすっかり風俗での仕事に慣れていたミホだったが、ヌードモデルを経て、いざ初めて風俗の仕事に就いたときは、そうでもなかったようだ。

「最初はお客さんに触るのも嫌で、すごいテキトーだったのよ。ずっと無愛想だったし、たぶんメチャメチャ感じ悪かったと思う。でも、そうしてたらリピーターとか全然いなくて、さすがにまずいなって思い始めたのね。で、あるとき思い切って明るく元気な接し方をやってみたら、その人が帰り際に店の人に『いやー、いい子だねえ』って。それを聞いて、どうせならそっちのほうがお互いに気分いいやって、割り切ってやるようになったの」

ミホにとって風俗はあくまでも「働く時間にくらべて、もらえる給料が大きい」仕事という対象である。ただし、その一方で「自分の知らない世界に対してすごく興味あるんですよぉ」と話す彼女にしてみれば、自身の好奇心を満たす対象でもあったのである。

「好奇心が強いっていうか、いろんなことを試したくなるの……」

最初に会ったときから、ミホは自分自身が〝快楽主義者〟であることを公言していた。とくに当時は、対象が先に取り上げた彼氏だったようで、最近どんなセックスをしているかを詳《つまび》らかに聞かされて、クラクラした思い出がある。おおまかに列記すると、服を着たままや、ローションを使って、屋外や車のなかで、あられもない写真を撮られ、縛られ、目隠しをされ、バイブを使われ……、そのすべてにおいて、彼女の提案でやってみたというのだ。また、四回目の取材で彼女は次のように語っていた。

「気持ちよくなることを追求しちゃうんだよね。だから彼氏に対して、あんなことをしてみたいって持ちかけたり、どこをどうすれば気持ちよくなるってことをちゃんと言うようにしてるの。そうすると自分のいちばん好きなエッチができるでしょ。最近はねえ、なんかしたってわけじゃないけど、『パンツ買いたいから一緒に来てよ』って、下着屋に引っ張って行って、エッチな下着を二人で選んで買ったのね。乳首が丸見えの縁だけのブラジャーとか、アソコの部分に穴が開いてるパンツとか。で、それを着て楽しんでる……」

当時、彼女は二十一歳になっていたが、その話を聞いて、単純にすごいなあと驚くだけでなく、かすかに、大気圏に突入して燃え尽きてしまう隕石《いんせき》のような激しさと儚《はかな》さを感じた憶《おぼ》えがある。

そんなミホと最後に会ったのは、彼女が大学卒業を控えた二十年前のことだ。当時のミホはすでに風俗の仕事から足を洗っており、途中で一年間だけ休学したらしいが、さすが名門大学に通うだけあって、一部上場の大手メーカーに就職を決めていた。

「私が行くことになった会社って、よそにくらべて女子の比率が高いのね。私はキャリアウーマンになりたかったから、一般職じゃなくて総合職で受けたんだけど、この会社は女がちゃんと仕事をさせてもらえる会社だと思ったの」

そう口にする二十三歳の彼女を、新宿・歌舞伎町の細い路地にある、いかにも昭和といった造りの小料理屋に連れていった。彼女はそこで、風俗から足を洗った理由について切り出した。

「やっぱり個室で一人で待ってると、暗くなるんだよね。北欧の冬って長いし暗いから自殺者が多いらしいんだけど、それと同じような気分になるの。で、もういいやってお店に行かなくなったのね。たしかに最初のうちは、おカネの面でちょっと苦しいとかって感じたけど、慣れたら別にどうってことなかったよ。その時期に実家を出て一人暮らしをして、自分で食事を作り始めたんだけど、できないことがいっぱいあって悔しかったの。で、わりとそっちに熱中するようになったのね。それに少しでも安い店を探したり、昔買った洋服を直して着たり、そういうことをやるのが意外と新鮮で楽しくって……。だから風俗に戻ろうって気にはならなかったなあ。やっぱ、もともと向いてなかったのかもしれない」

　そこで私は、風俗の仕事をしたことを後悔しているかと尋ねた。

「ううん、それはない。だっていい経験になったと思うもん。あの仕事をしたおかげで、人は外見では判断できないことがわかったし、たとえば自分の仕事とか、やることをちゃんとやってる人だったら、多少エッチの趣味が変でもいいかって思えるようになったから」

「それは彼氏のエッチが変だってこと？」

「違うよぉ。エッチの趣味ってのは、その人の本質とは関係ないってこと。もちろん、趣味の度合いにもよるけどね」

　私の余計なツッコミにそう返すと、ミホはクスクスと笑った。いかにも彼女らしい、ヒマワリの笑顔だった。

そんなミホに、二十年ぶりに連絡を入れることにした——。

＊

これまで一切、連絡を取っていない。就職をして忙しいだろうと思っていたし、新たな生活を邪魔してはいけないとの思いもあった、と思う。そうしてフェードアウトするように、記憶の枠外に押し出していた。

まあ、いまさら連絡を入れたとしても、八割がたは音信不通だろうなと予想しながら、当時の手帳に記していた、いまとは違う○×○で始まる携帯電話番号を、現在の○九○で始まるように変換し、通話ボタンを押す。

「はい、もしもし……」

二コールほどで女性が出た。まさか……。

「あの、突然のお電話すみません。××ミホさんの携帯でよろしいでしょうか？」

「はい。そうですが……」

一瞬だが、頭が真っ白になった。どうしようと慌てながら、必死で言葉を絞り出す。

「あの、すみません。以前、取材でお会いしたライターの小野一光と申します」

「え、あの、なんの取材でしょうか？」

電話の向こうの声色から、こちらがいったいなにを言っているのかわからない戸惑いが伝わってくる。

「あ、あの、その昔、風俗の取材で……」

「え？　ああーっ、あのときの……？」

「そうです。そのライターの小野です」

「うわーっ、ご無沙汰してます」

それから私は、いまもライターを続けていること、当時取材した女性のその後を取材したいと考えていること、とりあえず結果はノーでも構わないので、説明のために一度会えないかということを話した。

「あ、まあ、いまは東京にいるんで、別に構わないですけど……」

ミホは突然の、しかも二十年ぶりの電話にもかかわらず、その週の週末に会うことを承諾してくれた。それは、まったく予想もしていない展開だった。

その夜、週末の待ち合わせ場所について送った私からのショートメールに、ミホから返信があった。

〈ビックリしましたけど嬉しいです！　お店了解しました。まだ行ったことがなくて気になっているお店でしたので、楽しみです〉

自分はなんて幸せ者なんだろう。心の底からそう思った。

＊

「お久しぶりでーす」

待ち合わせ場所の居酒屋。数日ぶりに会うような気軽さでミホは現れた。年齢なりに目尻に皺《しわ》は刻まれているが、体型は変わらず、ショートヘアに化粧っ気のない素顔も昔のままだ。クリクリと動く大きな瞳も健在である。変わらないねえ。

まずは再会を喜び、近況を報告しあった。彼女は大学卒業後に勤めた会社にそのまま在籍していて、北海道や関西などに転勤後、いまは実家のある東京に戻ったものの、実家ではなく職場に近い町で一人暮らしをしているという。

「じつは、関西にいるときに結婚しようと思って、家を建てて住んでたんですけど、ちょっとそれが失敗して……」

さすがに大学時代とは違い、ミホは敬語を使うようになっていた。それがなかなかに新鮮だ。

「離婚したってこと？」

「いや、籍は入れなかったんですよ。一緒に住んで、向こうの両親に挨拶したりしてたんですけど……」

「いくつのとき？」

「二十九のときかな。向こうは××に勤める人でした。あははは」

彼女はCMのテーマソングに記憶がある食品メーカーの名を挙げた。

「まあちょっと、浮気もあったし、仕事ぶりもなんか怪しい感じがあったし」

同居期間は一年ほどだったそうだ。

「籍を入れてたら大変だったかもしれないけど、入れてなかったから、別れるのは楽っちゃあ楽でしたね。で、家も土地も私名義だったので、そのまま住み続けられたし……」

その家は、東京に転勤になったいまも所有しているとのこと。さすが大企業に勤めているだけのことはある。私は話題を変えるため、彼女について驚いたことを口にした。

「でもさあ、電話が変わってないのはびっくりしたよ」

「ふふっ、よく言われるんですけど、私、一回も電話番号変えたことないんですよ」

「だって、俺の手元に残ってた番号って、〇×〇で始まる番号だったからね」

「ははは……」

「まさか本当に連絡がつけられるとは思わなかったよ」

「ああー、いや、懐かしいなって」

それからしばらく飲食店をやっている彼女の実家の話をした。ご両親はいまも変わらず商売を続けているとのことで安心する。いま考えると、あの当時にそこまでよく話してくれたなと思うが、かなり私生活に踏み込んだ話をしていたのだ。

私は、ふだんもよく飲んでいるというミホのために、日本酒を注文した。片口から彼女の盃《さかずき》に酒を注《つ》ぎながら言う。

「それにしても、あの頃はまさか将来、四十代のミホちゃんと飲むことがあるとは、想像もしなかったなあ」

「ははは、ですよね」

「二十年後に再会するとは……」

「ははは、どっかで野垂れ死んでるんじゃないかな、ぐらいな。はははは」

「だけどちゃんとした会社に勤めてたからさあ、そんなに心配はしてなかったよ」

「なんかあの頃で思い出すのは、ちょっと一緒に仕事した××大学のあの子……」

ミホが挙げたのは、彼女と一緒に週刊誌上で女子大生ヌードを披露した女の子だ。お嬢様大学に通う正統派美女だった彼女もまた、デリヘル嬢だった。私がフランスの雑誌から日本の女子大生風俗嬢の取材を申し込まれた際に、出演してもらったりしたが、大学卒業後の行方は知れず、すでに連絡がつかなくなっていることをミホに伝えた。

「そうなんですねー」

「まあ、過去を忘れたいのかもしれないしね」

「あ、それはそれでいいと思いますよ。人それぞれだし」

会った日は連休初日の土曜日。この連休中は全部休みなのかと尋ねた私に、半分は仕事の予定が入っていると答えたミホは、感慨深げに声にする。

「いやーっ、サラリーマンですよ、ほんとに。自分にサラリーマンできるって思わなかったんですけどね、ふふふ。いまは絶対に最後まで勤め上げて、退職金もらってやるぞって思ってますね。私のときは、同期の女の子が五人いたんですけど、私以外は全員辞めましたから」

「まあねえ、それも人それぞれかも」

「そうですね。入社して三年目くらいまでは、給料やっすい（安い）なあ〜って思ったりしてましたもん」

「そのときに、昔やってた仕事に戻ろうって気持ちは？」

「いやあ〜、それはなかったよ。これが本当の収入なんだよな〜っていう」

「（風俗の仕事は）大学三年のときに辞めたんだっけ？」

「いや、結局は最後の四年まで。へへへ……」

「五反田の店？」

「いや、その後に転々としてたことがあって……大塚？　そこでやっぱり同じような隠れマンション（ヘルス）の仕事と、大学の最後のほうまで私、根岸（台東区）に住んでたんで、ちょっとだけ、三カ月だけ、吉原に行ったんです」

　吉原といえば、とくに注釈を加えずとも、それだけで本番行為があるソープランドを指している。まったく知らないミホの過去についての情報に驚いた。

「働いてみました。でも、こーれは、体持たねえわ、って……ははは。で、就職活動を始めるときに、『すいません。就職活動あるんで』って……」

　店に伝えた退店願いの部分は、青息吐息の口調で言う。

「それは四年生のとき？」

「いや、三年の二月とか三月ですね」

「そうなんだ。でも、稼げたっしょ？」

　ソープランドでは、月に二百万円くらいの収入を上げている女性もいることから、そういう話題に持っていった。

「いや、そうでもなかった。安い店だから。もう、あの世界はピンキリですよ」

「でも、なんでそっち（ソープランド）に行ってみようと思ったの？」

「いや、きょ、興味本位。あっは、はははは……。たしかに興味本位。一回くらい行ってみよっか、みたいな。ははは……」

　自分の若気の至りに対する、恥ずかしさも混じった照れ笑いだ。

「けっこう大変だった？」

「大変でした。あの、マットってあるじゃないですか……」

　ミホは周囲を気にして小声で囁く。

「もう面倒臭い、大変、危ない、滑る～って感じなんですよ」

　ソープランドではマット上に寝た男性客の上で、女性がローションを使用して体を密着させる、前戯ともいえるマットプレイがある。当然ながら、ローションを使用するため、かなり滑りやすい〝危険な〟状態になるのだ。

「同じ店に、ちょっと年かさのお姉さんがいたんですよ。で、『初めてなんです～』って言ったら、『頑張ってね～、大変だけど』って。それで歳を聞かれて、『二十二です』と言ったら、『あら、うちの娘と一緒だわ』なんて言われて、『ちょっと待って、お母さ～ん』って感じですよ。それを聞いて、これは私、この世界からは、早急に足を洗わんとならんな、と思いました。はははは」

　そこで私は気になったことを質問する。

「でも、基本的に（求めるのは）おカネではないの？」

「そん、なにではないですね、じつは……」

「興味というか、いろんな世界を見てみたいということ？」

「そこが大きかったと思う。まあ、一通り経験してみて、それを一生の仕事にするでもなく、体験入学みたいな」

「その後に、後悔したことってあった？　やんなかったらよかったなあ、とか……」

「とくにないです」

私の言葉にかぶせるような即答だった。

「そりゃあ、バレたら大変でしょうけど」

「でも、バレてはないでしょ？」

「うん。バレたらワーッてなりますからぁ」

「当時は、バレることってけっこう怖かった？」

「それは気を遣いましたねえ。それに、ふつうの会社員だったらいいんですけど、公職とかは無理だと思いました」

「それは将来の仕事でってこと？」

「そうそう。政治家とか議員とか、そういうのはもう無理だわって」

「過去を探られるとまずい、と」

「ちょっと前に、ある公共的な団体で役員をやってたことがあって、そのときに、議員に立候補すればばって言われたんですけど、無理って、即座に断りましたね」

「そっかあ、大丈夫だと思うんだけど……あっ、そういえば裸の写真を撮られる仕事もやってたんだよね」

「そうそう。どこで出るかわからないし」

「そこはちょっと後悔ってことはない？　形に残るものをやってしまったっていう」

「そうですね。そこはある、かな。形に残る写真はマズかった、っていう……」

当時はなにも考えていなかったことが、自分の未来の可能性を狭める原因になってしまった、ということはわかる。ただまあ、それを学生時代に予見しろというのも、なかなかに酷な話ではある。そこで聞く。

「当時は全然考えてなかったんだよね？」

「そうですねえー、ははは。こういうSNSの時代とか、想定してなかったですから」

「まあ、もう、二十年も前だから大丈夫だよ」

「ははは、そう思いたい……」

その昔、彼女の裸の写真を撮った方々は、過去の話として、そっとしておいてあげてください、と願う。私は話題を変えた。

「ところでさあ、これまでの四十ン年の人生のなかで、性欲がいちばん強かったのって、いつ頃だった？」

「あーっ、三十五くらいかしら、ふふふふ」

「そのときは特定の彼氏がいて？」

「あ、そうですね」

「どうしてそのときがいちばん強いと？」

「うーんそれは一年間くらいで、短期間なんですよ。ホルモンの関係かなあ。いまのこの歳になったら、もうそんなに性欲はなくて、やるとしても、清潔な場所でやりたいな、とか、ははは。車内とか野外とかはもういいやって。あと、やる前は身ぎれいにしときたいとか……。だからいきなりとかは無理ですね、ははは……」

「自分のなかで高校とか大学とかその後も、いろいろ回ってきてみてさあ、なにか結論というか、教訓とかって生まれたりした？」

「結局あれですよ、なにかなあ、あの、自分の稼ぎで生きていく道を見つけなければならないってことですよ。それは安定してなければいけないし、リスクがあってもいけない」

「まあ、それが就職後の生活を続けさせたっていうかさあ……」

「そうです」

「それってさあ、風俗で働いて、周りの人を見たからっていうこと？　さっきのお母さんみたいな歳の人とか……」

「それもあります。たしかに。あと、同じ店にいたんですよね。国立大学を出てて、で、その人の彼氏がぁ、『注射器持ってるのよ』なんてこと言ってて。ちょ、待て待て待て、それやめたほうがいいよ、みたいな。巻き込まれないうちにやめろ、みたいな。だから、どんなに頭が良くっても、高学歴でも、ちょっと踏み違えたら転落してしまうというのは、よく見ました」

「だからこそ、自分はちゃんと持ってないとダメだと思った、と」

「うん。それにこの仕事は、確実に危うい路線だと。で、年齢制限じゃないけど、稼げる上限年齢ってあるじゃないですか。どっかで病気をするかもしれないし、なにも社会保障を受けられない状況だということで、ここに、この仕事に人生を委ねるべきじゃないっていうのがあって……」

「つまり風俗経験により、自分のなかに安定志向が芽生えたってことだよね」

「そうですね。ほんと十代、二十歳になるまでは、生きていければなんでもいいって思うわけですよ。それでもやっぱり、現実社会を垣間見た時期だったんですよね。これって、結局真面目に生きてたほうが、後々いいんではないかって結論になったんです」

もっともな意見である。だがそこで、置き去りにされている話を蒸し返すことにした。

「社会を知るきっかけになったことはわかるんだけど、風俗って肉体を酷使する仕事じゃない。いろんな男が自分の体を通り過ぎていくっていう嫌さはなかったの？」

「まあ、そんときはあんまり。仕事って割り切ってたから。仕事。給料。それだけ」

「つまり嫌悪感はなかったわけね？」

「たまにはあるんですよ。不潔な人が来たときとか。そういう生理的な面での嫌悪感はどうしてもあるんで。エーッ、みたいな」

「いま現在の性に対する考え方とか行動って、二十代前半まで風俗の仕事をやってたこと、なにか関係してるってことはある？」

「いつも困るのは、こう……、ふふふっ、『どこで覚えてきたの？』って、えへへへ」

照れ笑いだ。つまりエッチの際のテクニックが、半端ではないということだろう。

「そんなんねえ、『この歳になったら、そらあしょうがないわよ』とかって言って誤魔化すんですけどね」

「やっぱ違うのかねえ？」

「なんなんですかねえ。控えめにしてるつもりなのに。あんまりそんなにねえ、技はさらさないようにしてるつもりなんですけど」

「そうだよねえ。（ソープランドでの）マットプレイをするわけでもないのにねえ」

「ははは、そうそう」

「あ、そういえばさっきソープの話が出たときに聞いてなかったんだけど、ソープといえば本番があるわけじゃん。それに関しては抵抗なかったの？」

「あまりこだわりはなかったですね。一緒やん、みたいな。あと他の〝嬢〟の人たちが言ってたのは、結局そっちのほうが楽だと」

「それは自分もそう思ったの？」

「うん。ただ、全体的に体力はいりますけどね。この歳になったら、もう無理だと思う」

そこで突飛な質問を思いついた。

「いま、コロナ禍でいろんな業界が大変なことになってるけど、もしもミホちゃんの会社が業績悪化で潰れちゃうとするよね。そのときって、たとえば熟女風俗の仕事をするっていう選択肢はあったりする？」

「えーっ、ないわぁ。それはない」

「もう一生ない？」

「うん」

「終わりかあ。もうその季節は終わったってことね」

「うん。いくらでもなんかその、仕事はあると思うんで。コンビニとかスーパーのバイトでも、自分一人だったらなんとでもなりますからねえ」

「当時、風俗と訣別したのは、どういう理由だったの？」

「結局、就職ってことでしょうね。これでもう、後ろ暗いことはできないなって、それだけの話でしょう」

「やっぱでも、後ろ暗いはあるんだね」

「後ろ暗いはありますよね、それは。人に言えないって時点で」

「でもさあ、逆にその後ろ暗さに、面白さを感じてたってのもあったんじゃゃ……」

「そうそうそう。それもあった。裏の世界も知りたいって……。で、知ってないと、世の中に出て騙《だま》されるっていうのもあるのかなって思った。上手い言葉に乗せられて、とか」

「うん。そういうことを知らないと、世の中にはいろんな、上手いけど危険な話ってあると思うから」

「やってみて思ったの？」

「やってみて良かった、悪かった？　プラスマイナスでいうとどっち？」

「イーブンですね。対価について習いました」

「マイナスな点は、人に言えないという……」

「そうそう。あとは、公職に就けないということかな。あ、逆にプラスになったことという点で、もう一つありました。ははは。日常生活で、キモい男性に対処するのが上手になったと思う。えへへへへっ。対処できる枠は確実に広がりました」

「やっぱけっこう多かった？」

「も――っ、そういう人は多いですよぉ。ほんと、いろんな人がいるなーって感じ」

こちらに気を遣ってか、おどけた言い方になってはいるが、実際、常識を超えた男の裏面を見てきたことだろうと想像した。ただ、そんなミホであるが、いまだにニュースなどで風俗業界に絡む事件があると、つい気にして見てしまうのだという。

「なんか気になっちゃうんですよね。やっぱりふつうのサラリーマンになった私からすると、早く足を洗いなよ、とか、お日様の下を歩こうぜってなるけど、そうはいかない人もいるし……。いまはたとえば、自分の学費を払うためにやってる子とかもいるじゃないですか。あれはねえ……。なんとかならんかなあ、とかって思ったりしますね。でもしょうがない。勉強する時間を捻出するためには、時短で稼ぐしかないですしね」

彼女自身が社会を経験したことで、もどかしくとも、この世にはどうにもならない矛盾があることを理解しているのだろう。そういう点では、風俗で働いた経験をマイナスではなくイーブンにしているミホの話は、現在、そうした矛盾のなかで苦しむ女性を、少しは楽にできるのではないかと思った。

「自分が風俗で働いてたことって、誰か言った人はいる？」

「いまも昔もいないですね。どこでバレるかわからないと思ってたから」

「でもそれ、苦しくなかった？」

「いや、人に言えない分、自分のなかで貴重な体験をしてるなって思ってたから。面白いことだな、って」

「それはそれで、人に言えないくらいはしかたないなって？」

「うん。で、どうしても面白いことがあれば、人の話としてね……。それはもう面白い話がいっぱいありましたよ。こんな人がいた、あんな人がいたって」

「そらそうだなあ。なかなかふつうの生活をしてたら見れるもんじゃないもんねえ」

「そうそうそう」

「でもさあ、男性に幻滅したりはしなかった?」

「いや、それはそれで、こういう人もいるよな。こういうことを隠していかなければいけない男の人もいるよな、っていうふうに思ってましたね。で、風俗のいいところは、そういう人たちを受け入れてることだと思ってました。そういう人たちを締め出していたら、世の中の性犯罪者が増えて、被害に遭う人がいっぱいいるって思いますもん。これ必要悪。以上。みたいな。ふふふふ」

もちろん、現在の生活が安定しているから言えること、との見方もあるだろう。だが、それを差っ引いても、女にも男にもある、〝どうしようもない部分〟を容認している彼女について、素直に、たいしたものだとの感想を抱いた。

それだけでも、二十年ぶりに会った価値は、ある。

聞けば、ミホも私と同じく、いまだに喫煙を続けているマイノリティだという。食事もそろそろ終わりそうなところで、私は切り出した。

「じゃあ、ちょっとどこか近くの、煙草が吸えるバーにでも行こうか」

「あ、いいっすねえ」

旧交を温める、幸せな夜はまだまだ続く。

# 第九章　生きるための居場所——ＳＭ嬢・アザミ

以前やっていた週刊誌の連載企画でアザミに取材したのは、彼女が三十二歳のときだったと記憶している。

知人を介して出会ったアザミは、当時、〝身を隠す〟状況にあった。それまで暮らしていた田舎町から、単身で遠く大都会に逃げていたのである。

「前の男から追われてるんで……」

待ち合わせ場所のそばにある川沿いのベンチに座った彼女は、この街に辿《たど》り着いた理由を尋ねる私に、決して平穏とはいえない言葉を口にして苦笑いを浮かべた。

長いまつ毛と切れ長の涼やかな瞳が印象的な和風顔のアザミは、たしかに〝ワケアリ〟な気配を感じさせた。私の問いかけに応じて、自身の過去について少しずつ口を開いてゆく。

アザミが五年前に付き合うようになった相手は、バイト先の飲食店オーナー。実家を出て一人暮らしをしていた彼女の部屋に、先方が転がり込むかたちで同棲するようになったという。

当初は楽しいことばかりの同棲生活に、ひずみが生じてきたのは、交際から一年ほど経過したときのこと。

「彼、クスリをやってたんです。それでいつの間にか私にも強要するようになって、気づいたら一緒にやってました」

私は思わず、「クスリってシャブ（覚醒剤）のこと？」と聞いた。アザミは視線を前に向けたまま「そう」と頷く。

交際前に相手が覚醒剤をやっていることは知らなかったが、徐々にそれを匂わせるようになっていったのだそうだ。そして事実を明かしてからは、彼女にも一緒にやるように求めてきたのだった。

「クスリを買うのにおカネがかかるうえに、お店もうまくいってなくて、運転資金で足りない分を、私が家族とか親戚からおカネを借りて回り、補っていたんです」

彼氏から懇願、ときに強要され、断り切れなかったとアザミは自嘲気味に言う。その総額は二百万円を優に上回ったとのこと。

「私はこんな生活は良くないから、何度も別れようとしました。だけどそのたびに引き留められちゃって。まあ、きっぱりと別れられない私も悪かったんですけどね……。ただ、キレたときにその人から殴る蹴るの暴力を振るわれてたんで、それが怖いというのもあったんです」

相手が借りたマンションであれば、アザミはただ逃げ出せばよかったのだが、部屋は彼女が自分の名義で借りたものだった。警察に駆け込むという手段もあったが、そうなると覚醒剤の使用について、〝共犯〟にあたる自分にも累が及ぶ。逃げるに逃げられず、同棲生活はずるずると三年を超えたという。そこで私は聞く。

「いったいどうやって逃げ出すことができたの？」

アザミは「煙草吸っていいですか？」と尋ねてからメンソール煙草に火をつけ、煙を吐き出すとこちらに顔を向けた。

「その人がクスリで警察に捕まったんです。初犯だったんで、結果的には二勾留くらいで出てきたんですけど、その間に慌てて部屋の解約手続きをして、逃げ出しました」

ここでいう「二勾留」とは、逮捕されて四十八時間以内の送検後に、十日間ある勾留期限が二回続いたこと。つまり二十日間にあたる。その間にキャリーバッグ一つを持って地元を離れた彼女は、都会ならば相手も探し出せないだろうと、この街を選んだのだった。

「その足でそのまま料金の高いソープランドに行き、『私を働かせてください』ってお願いしました。所持金はほとんどなかったし、まずは家族や親戚に借りたおカネを返さなきゃって……。そのことしか頭にありませんでした」

それまでの人生で風俗の仕事に就いた経験は一切なかった。だが、ほかになんの選択肢も頭に浮かばなかったと語る。

「住む場所もないので、最初のうちはネカフェ（ネットカフェ）を泊まり歩き、給料が現金のその日払いなので、ちょっとずつおカネに余裕ができてから、ホテルに泊まるようになりました」

知り合いが誰もいない街で、アザミはまったく知らない男たちと肌を合わせる仕事を続けた。ソープランドという業種であることから、当然のように本番行為がつきまとったが、それを厭《いと》う心の余裕はなかった。

「やりたくない仕事漬けの生活だったから、ストレスが溜まってたんでしょうね。店が終わってから連日のように、飲みに出かけるようになったんです。そのときは出会う人みんなに偽名を使っていて、仕事について聞かれると、コールセンターでチャットレディをやってると話してました」

やがて、常連になったバーのマスターが、知り合いの大家を紹介してくれたことで、彼女は部屋を借りることができたのだった。

「誰にも保証人とか頼める状態じゃなかったんで、部屋を借りられたときは本当に嬉しかったですね。やっと地に足が着いたって感じです。そのとき、契約のこともあるんで、紹介してくれたマスターに初めて本名を明かしました」

ソープランドでの稼ぎは月に五十万円以上になり、家族や親戚への借金も徐々にではあるが、確実に返済していった。

「まあ、おカネを借りた親戚のなかには、怒って会ってくれない人とかもいたんですけどね……」

そこで私は、単純に疑問に感じたことを問いかけた。

「ところで、住まいを借りる際に、どうして両親とかに保証人になってもらうことができなかったの？」

目の前のゆるやかに流れる川を見つめていたアザミは、静かに語り始める。

「うちって、ちょっと前に両親が離婚しちゃって、家族がバラバラになってたんですよ。あと、私って子供の頃から母親に可愛がられていなかったから……」

「それってどういうこと？」

「うーん、うちの母親って、女の部分が強いというか、小学生くらいの私と父親が仲良くしてるだけで、嫉妬して怒鳴りつけたりしていたんですね。あと、気分にすごくムラがあって、前に私が話したときは笑っていたのに、ほとんど同じ話を次のときにしたら、急に怒り出したりとか……」

そこまでを話したアザミは、少し迷った表情になり、「うーん、これは言っちゃってもいいのかなあ……」と逡巡《しゅんじゅん》する態度を見せた。

その様子に私は、「どんな内容でも大丈夫だから、どうぞ」と続きを促す。

「じつはですね、うちの実家ってもともとレストランをやってたんですよ。そこでは両親と一緒に私も働き、あと、私の親友の女の子も昼のランチを手伝っていたんですね。それである日、その子が暗い顔をして、私になにか言いかけたんです……」

不穏な流れにただ頷く。

「話してもいいかどうか迷ってる様子だったんで、『私は構わないから、なんでも言って』って……。そうしたらその子が、『盗撮用のカメラが仕掛けられてる』って、言いにくそうに口にしたんです。厨房の缶とかが置いてある目立たない場所に、ちょうどスカートのなかが写るような感じで、カメラが置かれているのを見つけたって……」

厨房内にいる男性は父親だけであり、誰がなんの目的でそうしたのかは、火を見るよりも明らかだった。実父の歪《ゆが》んだ性欲を親友によって知らされたアザミは、当の本人に詰め寄り、荒れ狂ったというのである。

「私ってお父さん子だったんですよ。それにすごく自慢のお父さんでした。だから余計に腹が立って仕方がなくって、もう怒鳴り散らして、その日から家出しちゃったんです」

彼女の家庭についての、予想もしていなかった告白に、私はつい「そのときお父さんはなんて？」と尋ねてしまう。

「なんか苦し紛れの言い訳みたいなことを口にしてました。でも無理。なにを言っても無理なんですよ。無理、無理、無理……」

梅雨の合間の晴れわたった爽やかな空の下、アザミは吐き捨てるように言う。少なくとも五年以上は前の話であるが、それが昨日の出来事でもあるように、彼女は嫌悪感を顕《あら》わにした。

「友だちのところを泊まり歩いているときに、私の知り合いでシェアハウスをしている人がいて、ちょうどそのとき一人分の空きが出たばかりだったんですね。負担する金額もすごく安かったんで、そこに入れてもらって、そのまま実家を出ることにしました」

父親が家にいない時間帯を見計らっては、少しずつ私物を持ち出していったのだと明かす。

「さっき話してた両親の離婚って、やっぱりその問題が関わってるの？」

すでにレストランは店を閉じており、家族もバラバラになったアザミは、「そうですね」と、きっぱり言い切った。彼女の視線はさまよい、なにも捉えていない。しかし唇の間からは、ため息に似た言葉が次々と出てくる。

「そのうちシェアハウスの他の住人が出ていったことで、一人当たりの家賃の負担が増えてしまったんですよ。それで、私は一人で別のマンションを借りて住むようになりました。例の逮捕された元カレと住んでいたのが、その部屋なんです」

それは、実家で小さな波乱がありながらも穏やかに暮らしていた女の子が、これまで微塵《みじん》も予想していなかった絶望の淵《ふち》へと一直線に向かう流れだった。

「ソープでは無我夢中で一年半働きました。いまは昼間にコールセンターで働き、夜は大家さんを紹介してくれたマスターのいるバーの手伝いをしています。じつはね、私がチャットレディの仕事を選んだのって、嘘を本当にしようと思ったからなんです。この街で新たにできた友だちに対して、これまでチャットレディをしてるって嘘をつき続けてたでしょ。それが苦しかったんですね。だから真実にしようと思って……」

多くの友人と連絡を絶ったいま、地元で彼女の消息について知っているのは、ごく一部の親しい人だけだそうだ。

「その人たちから、元カレが『アザミが店のカネを持ち逃げした』とまわりに嘘をついて、私を探していると聞きました。だから地元には絶対に近づかないようにしているんです」

私がアザミからこの話を聞いた当時、週刊誌の連載のなかで記していないことがあった。それは、彼女は取材時にソープランドの仕事は辞めていたが、チャットレディの仕事の傍ら、SMの仕事をするようになっていたことである。

だが当時、その状況を詳らかにするには憚《はばか》られる事情がアザミにあり、私自身も原稿で触れることはなかった。

それから時間が経ったことで、ＳＭの仕事についても周囲に公言し、話ができるようになったという彼女と、ふたたび会うことにしたのである。

アザミと待ち合わせたのは深夜の街角。仕事終わりの彼女と、近くにあるカラオケボックスに入ると、向かい合って座った。そこで私はまず、近況を尋ねる。

「それにしても、元気にしてた？」

「ははっ、まあなんだかんだやってますよ」

少し含みのある笑顔だった。事前にアザミには取材の趣旨を伝えてある。話せる範囲で構わないからと念を押していた。そのため私はストレートに切り出す。

「ところで、そもそもＳＭの仕事をするようになったきっかけって、なんでなんだっけ？」

「いやあ、ははは、××（手伝っていたバー）で飲んでるときに、ママからナンパされたんですよ」

「え、それは××を手伝っていた時期と重なるの？」

「いや、その前ですね。ふつうに客として飲んでいるときです。そこに飲みに来てたママから、一度うちの店に遊びに来てみてって言われて、『はーい』とは答えたんですけど、一人で行くような店じゃないじゃないですか。それでそのままにしてたんですね……」

まあ、そういうものだろうと思う。なにしろ日常ではめったに関わることのないSMの店なのだ。アザミは続ける。

「それで、しばらくしてから、また××で飲んでいると、お店に来てた女の子の客と仲良くなったんですね。で、いろんな話をしていたら、彼女もそのママの店で女王様をやっていることがわかったんです。そういう流れで、なんか二人も知っている人がいるのなら、店に遊びに行ってもいいかなと思って、『ほんとに私なんかが行ってもいいの？』って聞いたら、『全然大丈夫だよ』って。それで行ってみることにしたんです」

「どんなことをやってる店かはわかってたんだよね？」

「もちろん」

「それで店で働くように誘われて？」

「いや、誘われてはいたんですけど、何回も断りました。バーとかでママに会うたびに、夜九時くらいから朝三時、四時くらいまで口説かれたりして、それでも断ってというのを繰り返して……」

「その時期ってソープをやってる時期？」

「うん。辞める何カ月か前。で、ママにはそのことを言ったんです。あの、いまじつはこういう理由で、こういうとこにいてって……」

「ちゃんと全部を話したんだ」

「そうですね。ママがすごい熱意を持って話してくれるんで、それまではぐらかして、はぐらかしてきたけど、もう断り切れないくらいの熱意で……。だから、状況とかを全部説明して、いま私の気持ちがこんなだから、その気はないってことも言ったんだけど、向こうのほうがすごいっていうか、『だったら絶対うちに来たほうがいい』とかって言うんです」

　私は相槌だけを打つ。

「それで、こういうことを言えば諦めるだろうと、私なりに一晩考えたことを言ったりすると、『そういうところが素敵』とか、もうぜんぜん堪《こた》えないんですね」

「どういうことを言ったの？」

「私はＳＭは否定しないし、ファッションとかは好きな部分があるんですけど、それを仕事にするのは違うと思うんです、とか、それこそストレートに、仕事にするつもりはないんで、とか……。あと、自分がやっている姿が想像できない、とも言いました。なにかを期待されてるというのを感じてたので、余計に仕事としてのＳＭには、絶対に乗っかれないと思ってたんです」

その話を聞き、私はアザミの性的な嗜好《しこう》に触れることにした。

「もともと、自分のなかにSM的な性癖はあったりしたの？」

「うん。それは否定しません」

つまり、完全にSMプレイを受け付けない、というわけではなかったようだ。

「元カレとのセックスのなかにSMっぽいものがあったりとか？」

「……そうですね」

彼女はやや言い難《にく》そうに認める。そういうときは、逆にこちらが臆さずに、ストレートに切り込んだほうがいいと感じた私は、より具体的な内容に触れる。

「カレとはどういうことをやってたわけ？」

「四年くらい付き合うなかで、最初の二年くらいはふつうのセックスだったんですね。で、それくらいの時期に向こうから、『じつはこういうことに興味があるんだけど』って言われて、『なんか、お前もこういうのが好きそうな感じがするから』って……。私はもともと興味があったから、やったあ！　って……」

アザミは、こちらの予想に反して、じつは前からSMをやりたかったが、自分からは切り出せなかったというニュアンスの言葉を口にした。

「つまり、興味はあったけど、体験はなかったということね」

「うん」

彼女は素直に頷く。

「まずはやってみて、それで面白くなかったらもうしなくていいと思ってました。やってみたことがなかったから、やってみたかったんです」

「たとえば、具体的にどういうことをしたの？」

「拘束器具をたくさん買って……、あと、アナルプレイをしたいって言うから……。彼から、『アナルを開発したい』と言われて。まあ、若い男の子とかでも、よく口にしますよね。相手の女の子が誰にもされたことのないことをしたい、みたいな。自分の女が誰からもされてないことをする俺、って感じ？　そういう気分で切り出すことがほとんどだと思うし、私も元カレより前に付き合った人たちから、そう言われたことが何度かあって、断ってきたんですけど、あの人の場合は言葉の感じから、ほんとにやりたいんだっていうのが伝わってきたんですね。まあ、当時は信頼関係があったから。私としてはこれまで言われてきたなかで初めて、（やっても）いいかもって。けど、怖いし……」

「それが初めてのＡＦ（アナルファック）だったわけだ」

「まあ、Ｆまではいかなかったけど」

「あ、挿入はなかったのね」

「けど、それまでは触らせることすら許したことなかったから。絶対にイヤって。そんなことを口にしただけで、機嫌が悪くなるくらいだったんですね。それくらい、私には特別なことだったんです」

「うん、うん」

「それで私は言ったんですね。『あなたは私に（アナルを開発）したいって言うけど、あなたはされたことあるの？』って。そうしたら『したことない』って言うから、『じゃあ私はあなたに全部任せるから、その代わり、あなたも私に全部任せて』って言ったんです。そうしたら即答で、『わかった』って。だから、あ、この人は大丈夫だと思って……」

「それでお互いにやってみたんだ」

「ていうか、『お互いにわかんないんだから、ちゃんと勉強しようね』と私から言って、それで二人で、ネットでアナル初心者のためのやり方を調べたりとか、それ専用の道具を買ったりとかしたんです」

「アナルプラグとか？」

「そこまではいかなくて、細いオモチャとか、小さいパールみたいなのとか、あとローションも、どういうタイプのローションを使ったほうがいいのかとか……」

この段階になると、アザミも具体的な話をすることに抵抗がなくなってきたようだ。

「で、やってみた、と……」

「そうしたら、私もちょっとはやられたんだけど、彼のほうがやられることに滅茶苦茶《めちゃくちゃ》ハマって……。もともと、女の子の前で四つん這《ば》いになることなんて、絶対にしたことなかった人なんですね。でもなんか、Ｍの部分がどんどん開花しちゃって、私のために買った拘束具、最後は全部彼に使ってたんですよ」

「つまり、アザミちゃんが責めるってかたちになってたわけだ」

「そう。だから、思ってたのとは違ったけど、それはそれで楽しかったんで……。ただ、私生活で暴力を振るう人だったし……。それがなくて体だけのことだったら、ずっと仲良かったと思うんですよね」

「ああ、彼とね」

「金銭面とか、自分の思い通りにならなかったら暴力とかっていうのは、性の話とは違って直らなかったので。結果、私が精神的に追い詰められて、あと、私とまわりとの関係を全部切り離そうとするから、大事にしているものも大事にできなくなるし」

ＤＶの常習者にはありがちな話である。そこで私は話題を変えた。

「ちなみにアザミちゃんのなかで、相手を責める行為に興奮とかはあったの？」

「うん。滅茶苦茶ありましたよ」

「自分のなかで、私にもこういう性癖があるんだって思ったりした？」

「そう。だって、自分自身、もっと引くかと思ってたけど、全然引かないし、テンションが上がってたから。あと、向こうも前から、ふつうに〝攻〟めるのは上手だったんですよ。アナルとかだけじゃなくて。どっちかというと、向こうはMだったけど、〝攻めるのが上手だったのは、やっぱりMの気持ちがわかるからなのかな、と……。だからこの人は、自分が本来はMだということに気づかずに、ずっとSだと思い込んできた人なんだなって思いました」

「まあそれは、SMの仕事を続けてるいまだから分析できる話であって、当時はそこまでわからなかったんじゃない？」

「当時はなにも考えずに、純粋に楽しんでましたね。あの頃は、この人とできるいちばん気持ちいいことをしようって感じでした」

「ちなみに、これまでの人生ではAFは経験してないの？」

「うん。入んない。あはは」

アザミは無邪気に笑う。そして続けた。

「一所懸命（アナルプレイができるよう）育ててる気持ちはあるんですけど、全然ですね。ただ、よっぽど大きなものを入れなければ気持ちいいとは感じているので、逆に大きなものを入れる必要がないんです。まあ、気持ちよくなるとは思わなかった場所が、気持ちよくなって幸せ、ってくらいの感覚ですね」

「ところで、改めて聞くけど、ソープの仕事っていうのは、いつまでやってたの？」

「SMを始めても途中まではやってました」

「延べでどれくらいの期間？」

「どれくらいだったっけ……。でも二年はやってないですね」

「てことは、一年半くらいはやったんだ」

「うん、たぶん」

「それはつまり、それくらいの期間、自分のなかで辞めようという気持ちがなかったってこと？」

「そこに関しては、早急に返さないといけないおカネを稼ぐためと、自分がここで暮していくためのギリギリのラインまでは稼ぐぞ、ということで店に入っていたから。それが叶《かな》った段階でいつでも辞めてもいいと思っていたんで、すんなり辞めました」

「その、早急に返さないといけないおカネっていうのは、どんな相手だったの？」

「家族にも借りてたし、あの、家族じゃない人にもおカネを借りてたから。最後は」

それが以前話していた、総額二百万円以上の借金だった。

「借金をまず返して、それと同時に、自分の暮らしというのがあるわけだよね」

「うん。部屋を借りたり、物を買ったりね」

「ただソープで二年近くって長いよね。かなりハードな仕事内容だと思うんだけど、続けていくうちに、なにか感覚が変わったりとかはなかった？」

「うーん、もともと自分の心と体のバラバラ感は、あったたっちゃあったんで……」

「ソープで働くより前にってこと?」

「そうです。そのときは〝禊《みそぎ》〟みたいな気持ちもあって」

「禊?」

「勝手に。誰に対してっていうよりは、自分が……。私はたぶん罰を受けるのが好きなんですよ」

アザミが口にした自己罰の感情というのは、わからないではない。私自身もみずから辛い仕事や作業を選んだりすることがある。なんというか、安楽な場所に身を置くことに罪悪感があるというか、そこに安住する自分でいることが心苦しいのだ。

「だからなんか、そんな感じで仕事を続けてました」

「罰だと思いながらね」

「そうそう。そんな感覚のほうがなんか頑張れたから、そういうふうにしていたっていうか……。あと、元カレのことがすごい好きではあったから。だからこそ余計に憎かったこともあって、なんか、その人がいちばん、私がしたら悲しそうなことだったのね。それもあって、(ソープの仕事を)やったのかも」

「そうなんだ。ていうか、それまで風俗の経験は一切なかったわけだよね。前は風俗に対しては、どんな認識を持ってた?」

「う――――ん」

「自分とは関係ないものだと思ってた？」

「いや、とくにそういうふうには思ってなかったけど、やっぱり生理的に無理な人に、なにかをしなきゃいけないって想像すると、自分には絶対無理だなとは感じてました」

だが彼女は、「絶対無理」のハードルを越えたのである。私は聞く。

「始めたときって、まずは仕方なしでスタートしたでしょ。それを受け入れるときって、どうやって自分を納得させたの？」

「なんかでも、自由になった解放感がありました」

「あっ、そうか。いわゆるこれで生活ができるっていうか……」

「あと、誰かからかかってくる電話に怯えなくてすむとか。なんていうか、今月中に誰だれに支払わないといけないというのが、もう私には関係ないっていうか、これで相手にいつまでに支払いますっていうのを、全部こなしていけることが、すごい気持ちよかった。店でやってる内容よりも、その（おカネを返せない）状態がもう、イヤでイヤで仕方なくって……」

「そっちのほうが、ね」

「あんまりそういう、人におカネを借りて平気なタイプではなかったんで。もともとそんなことをしてきてないから……。あの人は平気だったんです。おカネ持ってる親戚がいるなら借りるべきだ、みたいな。そういうもんだ、家族なんて、という言い方をされてて、私は、そんなわけないと思ってたけど、結局借りに行って。で、これまでしたことのない借金だったから、みんな貸してくれたんですね。私がそんなこと言い出したことないから。だからそれ、すごいストレスだった……」

私は無言で頷く。

「で、もう返させる気がないのがわかるから。あの人と一緒にいると。だから、一緒に困窮してたときは私も我慢できたけど、自分が大事にしてきた人たちに、おカネを借りさせられるようになってきたときくらいから、もうすごいイヤになってきて。でももう、暴力で逃げ出すこともできない、みたいな状態になってたのね。だからそういう意味では、なんかちょうどいいタイミングで逃げることができたというか……」

「うん、うん、うん」

「なんかもう、あの人のことが嫌い、好きっていうよりも、そういう状態の自分が許せないっていう気持ちが、相当強かった。そうでなくするためには、私の目の前にある選択肢として、この人といるというのは、もう絶対になかったから」

葛藤の先に唯一あったのは、逃亡するという選択肢だったのだ。だがそれでよかったのだと思う。絶望の果てに死を選ぶよりは、絶対的に正しい選択である。私はふたたび話を変えた。

「我慢の結果として借金を完済し、自分の生活が成り立つようになったのでソープを辞めたわけだよね。でも、その直前から並行してやってたＳＭは、どうして辞めなかったの？」

「その頃、ＳＭは週に二、三日くらいだったんですね。で、私としては、ＳＭも早く辞めようとは思っていたんです。わりかし、ママの強引な感じに押されて店に入ったというのもあったから……」

アザミはそこで一呼吸置いて続ける。

「あと、その前に地元をあんなかたちで離れたんで、私が十年近くかけて作ってきた、大事な人たちとの関係を失ったじゃないですか。だから、この街ではあんまり人と深く付き合わないようにしようと思っていたんです」

「うん」

「だから飲みに行っても、最初は偽名を使ってたし、その、誰ともあまり仲良くならないようにしようとしてました。私はこの街からいつでも消えていい人になろうと決めていたから……」

「それが徐々に、仲良くなる人ができてきてという流れになったと……」

アザミは深く頷いた。つまり、ＳＭの店での人間関係も含めて、そうした思いを改める出来事が、この街で重なったということだろう。ただそこに、なぜＳＭを続けたのかという質問への答えは出てきていない。私はそれをこのタイミングで直接問い直すよりは、迂回《うかい》する道を選ぶことにした。

「話をもう一度ソープのことに戻すけど、稼げたことで、自分自身が変わったりしたこととかはあった？」

「うーん、大した贅沢って知らないから、べつに、少しずつ元に戻っていくっていうか。ブランド物が特別好きになるということも結局なくて、変わらなかったですね。あんまり」

「変化はなかったんだ」

「だから、なくなったものを補塡した感じで、とりあえず新しく暮らすための準備はしたけど、別にいいマンションじゃなくていいから、ボロくても街場にあって、働く場所とこのくらい近くの距離で暮らす場所があればって、そう思ってましたね」

「ちなみに、借金の返済が終わったソープ時代の後半とかは、稼いだおカネはなんに遣ってたの？」

「毎日飲みに出てました。あと、ソープを辞めてから、昼のコールセンターでの仕事をやってはいたんですけど、実際は、そこまで頻繁には出勤してなかったんですね。だから、それこそソープのときに貯めた貯金を切り崩して、映画を観《み》たり、買い物に行ったりとか。ＳＭの店のママには、レギュラーになってとか言われないように、ほぼ毎日、昼の仕事に出てるようなことを話してたんですけど、実際はそうじゃなかったんです」

「ソープを辞めると決めて、なにか変わったりした？」

「まあ、辞めると決めてからは熱意がなくなったので、店で着る新しいドレスとか、高い下着とかを買わなくなりました。あと、店の人にブログを書くように言われても、書かなかったりとか……。なんかやる気がなくなってたし、お店に対しても、あんまりちゃんとしなくなってました」

「ソープ時代に、いちばん辛かったのはどういうことだった？」

「単純に、生理的に、かなり不潔なというか、いま思い出しても、オエってなるような人はいましたね」

「そういう状況って、やっぱりストレスが溜まるから、優しい言葉をかけてくれるホストにハマったりする人とか多いじゃない。アザミちゃんがホストに走らなかったのはどうしてだと思う？」

「ホストの男の子たちが、あまり生理的に合わないっていうか、ははは。あの髪型とか。みんな同じで、私はそっちに興味が持てなかったんですよ。一ミリも惹かれる要素がなくて、むしろ、こう言ったら失礼だけど、苦手なタイプのアクセサリーの選び方とか、苦手なタイプの服の選び方とか、苦手な要素が全部揃ってるという感じだったんです」

「そうかあ。ソープでは他の女の子と仲良くなったりとかは？」

「いや、誰とも仲良くならないようにしてたから。まあ、店側も女の子がつるまないように、基本的に各自の部屋待機で、全員帰る時間はずらされていたし、店内でも誰かが廊下に出てるときは、出ないようになっていて、店が許可したときだけ廊下に出ていたんで……」

「SMの店の話に戻るけど、すぐに辞めようと思っていた原因というのは、店でのプレイに抵抗があったとか？」

「いや、それはほとんどなかったかも。それよりも、誰かに囚《とら》われるとか、頼りにされるとか、そういうことを避けたいという気持ちばっかりでしたね」

つまり、SMの仕事にまつわる性的な行為について、アザミは受け入れていたのだ。ただし、過去のトラウマに起因する、誰かと深く付き合うことを忌避する気持ちから抜け出すために、時間が必要だったのだろう。今度はその流れの話になる。

「そうすると、SMの店をメインにしていくようになったのはいつ頃？」

「二年目くらいですかね。ただ、そのときも週二だったのを週三にしたくらいで、出られる状況にあってもできるだけ出ないようにしていました。そうしないと、もう引っ込めることができなくなると思っていたから。店に対する愛情は生まれてはいたんですけど、私はまだそこまで、生活の柱にする気にはならなかったので……」

「ただ、それだけ続けてきたということは、途中からは、辞めようという気はなくなっていたんだよね？」

「それからちょっとして、うちの店の主軸だった女の子が辞めちゃったんですね。そのときに、自分がいかに必要とされているかということがわかったというか、これは私も片手間じゃなくて、本腰を入れないと失礼だと思って、昼の仕事を完全に辞めました。で、それまで週三だったのが、週五くらい出るようになったんです」

「ＳＭの仕事を続けていたのは、プレイそのものが好きというより、店での人間関係が良かったからってことなのかな？」

「いや、それもあるけど、いつの間にかＳＭそのものにも魅力を感じるようになってましたね」

「それって、いつ頃芽生えた感情？」

「勤めていた店のママの関係で、あるときＭ女としてＳＭのショーに出演することになったんですね。そのときにスポットライトを初めて浴びて、ハマってしまったんです。大勢のお客さんを前にするんで、もっと緊張するかと思ってたら、あくまでもその場のプレイに集中できたんですね。で、これはスゴイ世界だって……」

ママ自身が店の経営だけでなく、店外でショーの演出をやっていたことから、アザミもショーに出演したというのだ。私はその突拍子もない流れに興味を抱いた。

「どういうことに、とくにハマったの？」

「あのですねえ、ボロボロにされることって、性的に嫌いじゃないんです。私としては、罰を受ける、お仕置きを受けるのが好きだから。自分で勝手に、それを楽しんだという面がありますね」

「そっちのほうが心が落ち着くっていうのがあるのかなあ？」

「そうかも。それによって精神が安定してるのかもしれない。でもそれが、身内のパートナーによってだったら、あんなことになることがあるかもしれない。だけど、プロによってのことだったら、終わったら、『お疲れさまです』って帰れるんですよ。その人のことを一日中考えているわけでもない」

彼女が口にした「あんなこと」とは、言わずもがなではあるが、元カレにまつわるDV経験のことだ。

「身内のパートナーだったら、そういうわけにもいかないからね」

「そう。だから、それって最高じゃない、ってなったんです。その瞬間だけは相手と恋人のように燃え上がって楽しいし……」

「アドレナリンが出る？」

「めっちゃ出ますね。私、基本的には痛いことって嫌いなんですね。でも、ショーとかに出たら、〝もっと〟ってなるんです。それってなんでだろうとは思うんですけど、そうなっちゃうんで、仕方がないというか」

かなり心境が変化した印象を受けるアザミだが、いまだにこの街では、特定の恋人はいないという。

「やっぱり過去のことがあるので、同じ轍を踏むのが怖いんですよね。もう逃げなきゃいけないことはしたくないし、今度こそ、この街にいる自分を大事にしたい、っていうのがあるんですよ」

　いまは行きつけの店でもＳＭ嬢であることを公言しているそうだ。

「そういう点で、逆に変なこともできないし、きちんと生きるようにはなりました。ははは」

　その笑い声に安心し、私はさらに聞いておきたいことを質問することにした。

「ところで、以前聞いたお父さんにまつわる事件の話があったじゃない。お父さんとは、いまどうなってるの？」

「理想的な男性像だったから、私としてはああいうことがあったのは、本当にショックだったし……。でも、いまは昔と違って、別に不幸になって欲しいとは思ってないんですよね。人だしな、とは思うようになりました。それに私だってこんなことを仕事にしてるわけで、お父さんが知ったら嫌なことランキングの、けっこう上位なことをやってるわけだから、どっちもどっちかなって思いますね。だから、お父さんが私にやった嫌なことは、ちょっといまの私には、責めることはできないなって……。ていうか、ま、人生にはこういうこともあるよねって思ってる」

父がやったことは〝非合法〟、アザミがやっていることは〝合法〟だが、私はついニヤニヤしてしまう。

「たしかに。まあそれに、いまのSMの仕事は、お父さんに対する嫌がらせでやってるわけじゃないんだもんね」

「全然嫌がらせじゃない」

「自分の人生の流れだもんね」

「うん。知ったらショックだろうなとは思うけど……。まあ、私も嫌な思いはしてきたんだから、そのくらいは我慢してよねっていうのもあるかな」

その言葉を耳にしながら、私のなかに〝再生〟という言葉が浮かんでいた。絶望の淵に立ち、すべてを投げ出したあとでも、出会いが、時間が、経験が、人を改めて立ち上がれるように戻していく。その過程をいま私は見ているのだ。

人が人であることのどうしようもなさ、それ以上に、人が人である逞《たくま》しさが、そこにはある気がしてならなかった。

# あとがき

古傷を抉《えぐ》ること――。

この取材に携わるなかで、当然、そのことを意識せずにはいられなかった。

というのも、「人生にはいろいろある」との、安易な言葉で片付けることのできない傷口が、服の下からそこここに姿を現したからだ。

その多くは鋭利な刃物ではなく、刃が欠けたり歪んだりした、いびつな刃物でつけられたものである。

鋭利な刃物による傷口はきれいに消えることもあるが、いびつな刃物で切りつけられた傷口は、裂け目がくっついてもなおケロイド状の痕を残す。

決して一括《ひとくく》りにはできないが、〝彼女たち〟は、自分の手で服をめくり、その傷口を見せてくれた。

私はできれば見せて欲しいと願っておきながら、正視に堪えない現実の有様に、後ずさりしそうになった。しかし、ここで目を逸《そ》らすことは、勇気を出して傷口を見せてくれた彼女たちをより傷つける行為だとの思いで、なんとかその場に留まる道を選んだ。なぜ余計なことをして古傷を抉るのか、との非難もあるだろう。だがそれはすべて私に向けていただきたい。

正直なところ、彼女たちのあらゆる傷口を真正面から見続けているうちに、私は感動を覚えていたのだ。

なんと逞しいのだろう、と。

第九章でもその言葉を使ったが、傷つきながらも前に進もうとする、彼女たちの生命力に感銘を受けたのである。

いまから二十六年前、内戦下のアフガニスタンを訪ねたとき、首都カブールでは毎日のように戦闘が続いていた。行く先々で目を覆いたくなる悲劇の数々に立ち会ったが、それでも街には日々の生活のために市が立ち、未来が見えないなかで結婚式が行われていた。

まさに人が生きていくというのはどういうことなのか、を体現する姿がそこにあった。私はそれと同じものを、彼女たちの生き方に見たのだ。

とはいえ、私自身が傍観者であるという立場を変えることは、これから先もないだろう。私の仕事は、誰もが辿り着けるわけではない場所に代わりに行き、そこで見聞きしたことを書き、伝えることに限られるのだから。

そして酷薄なのかもしれないが、彼女たちに刻まれた古傷が、これから時を経てどのように変化していくのか、興味を抱いている。

二〇二一年七月　小野一光

# 文庫版あとがき

その日、一緒に食事をする店は、迷わず焼肉店にした——。

例年よりも長く厳しい夏の余韻が消えない二〇二四年の、秋口のことである。

大学院の博士課程に進んでいたアヤメ（第一章、第三章）の、博士論文の提出期限である日に、私は彼女と食事の約束をしていた。

賑《にぎ》やかな街にある、七輪の炭火で肉を焼く店。

招待した側として、早めに向かうべく最寄り駅の改札を出ようとした私のスマホが、メッセージの着信を知らせる。

「少し早めに入ってても大丈夫ですか？」

どうやらアヤメは予定よりも早く着いてしまったようだ。もちろん先に入店して構わないことと、私自身もいま最寄り駅なので、すぐに向かう旨を伝えた。

「了解しました。今××って喫茶店にいるので、もう少ししたら出ようかと思います」

結果として、私のほうがやや早めに店に到着した。メニューを見ながら彼女を待つ。

「ご無沙汰してます」

そう言って姿を現した彼女を見てにやりとする。今日も大きめのバックパックを背負っていたからだ。アヤメと初めて取材で会ったのは一七年一月のこと。それから七年半以上の月日を経ているが、会う際に彼女はいつも大きなカバンを背負っていた。今回もそのルーティンが守られていることに、嬉しくなったのだ。

私は瓶ビールを、お酒を飲まないアヤメはサイダーを頼む。

「論文は間に合った？」

「はい。早めに上げることができたんで、今日は渡してくるだけでした。これがその概要で……」

そう言うと、彼女はＡ４版の紙を取り出した。「論文の内容の要旨」との題に続き、章立てで、著名な作家Ｍの文学作品が、書籍に留まらず、様々なジャンルに伝播していく流れについての考察が綴《つづ》られている。

「いやいや、お疲れさまでした。とはいえまだ目標への途中だねえ……」

「そうですねえ。けど全然、道がなくって……。どうなるかは本当に未定の状態なんです」

以前は、将来の希望は大学教授だと気軽に口にしていたアヤメだが、現実の厳しさを全身に浴びてきたかのような口調で答える。彼女は続けた。

「今回の論文の審査が通って口頭試問で認められれば、博士号が貰えるんですね。けど、そっから先は野放しなので……。一応、先生からは『研究員の登録はできるけど……』とは言われているんですけど、『お給料はないよ』って。つまり、身分だけが保証されるという状態なんですね。だから食い扶持《ぶち》をどうしようかなっていうのがあって……」

「そうなると、なんらかの稼ぎが必要になるわけだ」

「そうなんですよー。いまアルバイトで教育系のものを二つやっているんですね。一つが中高生相手で、もう一つが日本語学校の外国人を相手にしたものなんですけど、その割合を増やして、当分は研究を続けていくって感じでしょうね。それで行き詰まったら、どこかの会社への就職を考えないと……」

取材する私と出会った風俗だけでなく、水商売からも完全に足を洗っている彼女は、大学時代にずっと付き合っていた交際相手とも、いまは完全に別れたとのこと。

「たまに連絡は取っていますけど、もう普通に友達みたいになってて、ふふふ」

この笑いは、なんら未練は持っていないという種類のものだ。彼女自身が明かしていた統合失調症の状態についても尋ねたが、いまは落ち着いているという。

「薬で抑えて、精神の浮き沈みの波が極端にならないようにしていますから。あと、言葉が聞こえたり、人の気配を感じたりする幻聴や幻覚についても、よっぽど疲れているとき以外は出なくなりました。これもたぶん薬のおかげでしょうね」

運ばれてきた肉を焼き、口に運びながら言う。食欲も、しっかりあるようだ。

そこで私は、彼女の親友であるリカ（第二章、第四章）の去就について聞くことにした。今回、リカに連絡を入れていない。というのも、私のＳＮＳ上に「知り合いかも？」と現れたリカの写真が、ウエディングドレス姿で新郎と微笑《ほほえ》む結婚式のものだったのだ。ややふっくらした彼女がブーケを持ち、眼鏡をかけた真面目そうな新郎と幸せそうに腕を組んでいた。伏せておきたい過去を知る私が連絡することで、余計な波風を立てない方がいいと判断したのである。アヤメにそう話すと彼女は笑う。

「ふふふ、私も最近は全然連絡取ってなくて。まあ、元気そうにしてるみたいなんで、いいかなって……。なんとなく、向こうが結婚してから生活環境の違いもあるし、あんまり連絡を取らなくなっちゃったんですよね」

親しいからこその、距離感とでも言うべきか。決して仲たがいをしたわけではなく、博士論文の執筆が忙しくなったことで、連絡をしなくなったとアヤメは言った。とはいえ、それ以外にも理由があることはすぐにわかった。リカの結婚相手は、私が前に彼女から聞いていた「旦那」ではないようで、その話題のなかで次の言葉が出てきたのだ。

「なんか、相手は新しい職場で出会った人みたいで、過去のことは一切知らないという

か、リカは秘密を墓場まで持っていくつもりらしいです。そんなふうに彼女が言ってい
ました。私も『昔のことはもうなにも言わないんだ』って言うのを聞いてから、なんと
なく連絡が取り辛くなって……。結婚する前に親しい人にだけ顔合わせということで、
彼と会わせてくれたんですけど、それでひと区切りついちゃったんですよね」
　アヤメはリカが前の交際相手と別れた理由について、詳しくは聞いていないと語った。
そのことについて、私も掘り下げるつもりはない。彼女たちは親友なのだから、まあ、
人生の途中ではいろいろとあるだろう。それに疎遠であったとしても、本当に困ったこ
とがあれば、互いになにも言わずに手を差し伸べる関係には違いないだろうから。
　その後のリカについて、アヤメから聞いたことをもう一つ。リカによれば、不仲だっ
た母親と距離を置いたことで、母親側の感情が落ち着いてきたらしく、母子関係につい
ても本人曰く「友だちっぽくなった」らしい。それを聞いた私はしみじみと口にする。
「みんな、激しい青春時代だったけど、落ち着くところに落ち着いたって感じだねえ」
　アヤメは「そうですね。ふふふふ」と笑った。私は聞く。
「ところで、アヤメちゃんは自分が風俗で働いていたことについて、いまどう感じて
る？」
「難しいですね。う――――ん。あの頃のことを、あんまりはっきり憶えていないって言
ったら変なんですけど、なんだろう？　なんだったんだろうなっていうような感覚なん

です。なにに駆り立てられてそうだったのかなあ？　って……」

そこまで口にすると、しばらく沈黙があった。

「なんか本当に、それしか見えてないっていうか、視野が狭かったっていうか……」

「たとえばリカちゃんなんかは、なかったことにしたいと思っているわけじゃん。過去から消したいというか。それとは違うの？」

「とくに聞かれなければ自分も言わないと思いますし、そういう世界から、もう離れちゃったんで。完全に。（風俗は）自分としてはアルバイトの延長で続けていたところがあったから、その世界から外れちゃったいまとしては……」

そこでアヤメは思い出したように言う。

「そういえば、先輩経由で××文学館の職員募集の案内が来て、一応履歴書を出したんですよ。それを書くときに、ほぼ（風俗と）同時期に勤めていた昼間のお仕事？　教育関係の仕事ですね。それの勤務期間をちょっとだけ長くして……ふふふ……履歴が途切れないように変えて、送ってるんですね。そういうことをやってる時点で、自分もやっていたことを消してはいるんだなって。履歴書だけを見ると、すごい〝綺麗な〟って言ったら変ですけど、ふふふ。そんなふうになってます」

前にアヤメと食事をした際、彼女から夜の仕事はもうやっていないとの近況報告を受けていたのだが、そこで、「じつは私、性的なことが全部嫌いだったんです」との言葉が飛び出している。援助交際や風俗店での仕事に留まらず、付き合った相手との行為も含めて、自分のやってきた性的なことがことごとく嫌だったというのだ。どれも断ることができずに、我慢してやっていた、と。

たしか、それより前にも、彼女は自身が風俗店で働いていた過去を振り返り「自傷行為だったと思う」との言葉を口にしたことがあった。それも同じ意味だろう。つまり、かつて自分が手を染めた（染めざるを得なかった）ことに対する全否定である。

そんな彼女に対して、質問を重ねて古傷をほじくり返そうとしているのが私だ。アヤメの苦難を知ってはいるが、味わってもいない私が、訳知り顔で頷きながら、彼女の境遇や心の変化について尋ねている。

それでも、私は彼女に楽になってほしいとの気持ちがある。この矛盾とは、どうやって折り合いをつければいいのだろう。

私が自分自身を納得させる材料として心に抱いているのは、人が誰にも言えず、記憶の奥底に隠し持つ捨て去りたい過去は、毒のようなものだということ。その毒は、自身の人生に踏み込んでこない距離の第三者に渡す（話す）ことで、薄めることができるのではないかということ。そう信じることで、この仕事を続けている。

ただ、そんなふうにちまちまと理屈をつけて納得しようとする私にくらべて、アヤメは、いやアヤメに限らず本書の登場人物たちはみな、逞しいのではないかと思っている。

というのも、この日、食事をした別れ際に、アヤメは以下の言葉を加えたのだ。

「来年三月に学校が終わったら、リカに声をかけてみようかなとは思ってます。ただ、ちょっと勇気がいるんですよ。自分の方が気後れをしているっていうか……。顔合わせ前に私とリカの二人でご飯を食べに行ったんですけど、そのときのお店選びで、向こうが社会人で、私が学生で、ちょっとレベルが違うなって思ったんです。生活が違うなって思っちゃって……ふふふ。お蕎麦屋《そばや》さんだったんですけど、若干お高めのお蕎麦屋さんで、ちょっと値段が無理って思っちゃって……ふふふ」

最後に追加された音信不通の理由が、蕎麦屋選びの〝格差〟についてだったのである。

これを聞いて、私は彼女たちには永遠に翻弄されることを確信した。いやほんとに。

小野一光

集英社文庫

風俗嬢《ふうぞくじょう》の事情《じじょう》

貧困《ひんこん》、暴力《ぼうりょく》、毒親《どくおや》、セックスレス——「限界《げんかい》」を抱《かか》えて、体《からだ》を売《う》る女性《じょせい》たち

2024年12月25日　第1刷　　定価はカバーに表示してあります。

著　者　小《お》野《の》一光《いっこう》

発行者　樋口尚也

発行所　株式会社 集英社

東京都千代田区一ツ橋2-5-10　〒101-8050

電話　【編集部】03-3230-6095

【読者係】03-3230-6080

【販売部】03-3230-6393（書店専用）

印　刷　大日本印刷株式会社

製　本　ナショナル製本協同組合

フォーマットデザイン　アリヤマデザインストア　　マークデザイン　居山浩二



ISBN978-4-08-744728-6 C0195